Anette und Christian Lukesch

Klosterpflanzen in Küche und Garten

DEMMLER VERLAG

Bildnachweis:

Titelfoto: Christian Lukesch
Rücktitelfotos: Anette und Christian Lukesch
Fotos: Anette und Christian Lukesch, außer: Seite 12: Jörg Blobelt (CC-BY-SA 4.0); Seite 31: Howcheng (CC-BY-SA 3.0); Seite 63 oben: Lavinia Engelbrecht (CC-BY-SA 4.0); Seite 69: Burkhard Mücke (CC-BY-SA 3.0); Seite 85: Isidre Blanc (CC-BY-SA 4.0)

Impressum

An der Bäderstraße 7c
18311 Ribnitz-Damgarten
Tel.: 03821 / 706397
Fax: 03821 / 708876
info@demmlerverlag.de
www.demmlerverlag.de

Layout: Matthias Krempien, Grafikdesigner (HBFS)
Satz und Gestaltung: Ute Schmidt, Grafik-Designerin
Druck und Verarbeitung: DZA Druckerei zu Altenburg GmbH, Altenburg

1. Auflage 2017

ISBN 978-3-944102-23-8

Inhalt

Zum Geleit

Klosterpflanzen für die Küche – das klingt interessant, wie das Klosterleben selbst. Schon immer wich und weicht es vom Alltag der meisten Menschen erheblich ab.
Wie sahen die Gärten der Klöster in früherer Zeit aus? Waren auch sie anders? Welche Pflanzen waren für die Nonnen und Mönche wichtig? Wie wurden sie genutzt?
Wir wissen das nicht bis ins Detail. Aber aus eigener Anschauung und Beschäftigung mit Literatur zum Thema haben wir zu den Klostergärten, ihren Pflanzen und dem, was man daraus machen kann, einiges zusammengetragen.

In diesem Buch finden Sie Informationen zu Klöstern und ihren Kulturleistungen. Dabei konzentrieren wir uns auf Pflanzen, die erst durch die Klöster in unseren Kulturkreis gelangt sind. Sie wurden über Jahrhunderte in den Klostergärten angebaut und weitergegeben. Bis vor Kurzem waren viele davon mehr oder weniger in Vergessenheit geraten. Zu Unrecht wie wir meinen. Zu den einzelnen Kulturpflanzen gibt es Tipps für den Anbau im eigenen Garten und selbstverständlich Rezepte, die Lust machen sollen einmal etwas anderes auszuprobieren.

Als Autoren sind wir pflanzlich „vorbelastet“. Nach Gärtnerlehre und Gartenbaustudium bis 1990 in der Pflanzenzüchtung tätig, haben wir uns seitdem umfangreiches Wissen zum Thema aneignen können. Richtungweisend für uns waren unter anderem der Aufbau des Bibelgartens im Niederdeutschen Bibelzentrum in Barth und die Arbeit mit essbaren Pflanzen in einem Hotelgarten auf dem Darß. Auf verschiedenen Reisen besuchten wir eine Reihe von Klosteranlagen. Dabei galt unser Hauptinteresse deren Gärten. Auch die Fach-

tagungen der Bibelgärtner Deutschlands, an denen wir regelmäßig teilnehmen, erweiterten unseren Horizont.
Dieses Buch gibt einen Einblick in die Welt der Klostergärten und ihrer Pflanzen. Wer sich umfassender über dieses Thema informieren möchte, kann das gern mit Hilfe des ausführlichen Literaturverzeichnisses tun.

Anette Lukesch und Christian Lukesch

Klöster und ihre Gärten

Zunächst einiges zur Geschichte der Klöster:

Unter den ersten Christen gab es einige, die ihr Leben in ganz besonderer Weise Gott widmen wollten. Dafür wählten sie die einsame und stille Wüste. Hier konnten sie ohne Ablenkung beten, meditieren und Gott näher kommen. Diese Eremiten oder Einsiedler gründeten später die ersten Klöster. Eines der ältesten, das Kloster des Heiligen Antonius, entstand 361 n. Chr. und steht bis heute in der ägyptischen Wüste etwa 300 km südöstlich von Kairo.

Prägend für die westeuropäischen Klöster war Benedikt von Nursia. Er gründete im Jahr 529 das Kloster in Montecassino (Mittelitalien). Gleichzeitig stellte er feste Regeln für die Klöster auf. Diese erlangten Bedeutung für ganz Westeuropa, auch über den Benediktinerorden hinaus. Dieses Regelwerk beinhaltete erstmals eine Fürsorgepflicht für Kranke. Somit kann man die Ursprünge des Anbaus von Heil- und Gewürzpflanzen bei den Benediktinern finden. Wie alle anderen Orden bauten sie auch Nutzpflanzen für die eigene Versorgung an.

Darüber hinaus waren die Klöster auch Stätten der Kunst und Wissenschaft. Sie übersetzten und kopierten Texte aus dem antiken Rom und dem alten Griechenland, aber auch aus dem Orient und verbreiteten diese im christlichen Europa. Diese Kulturleistung kann nicht hoch genug geschätzt werden, denn der endgültige Untergang des Römischen Reiches im Jahr 476, die damit verbundene Völkerwanderung und viele Seuchenzüge verhinderten, dass sich Menschen im säkularen (weltlichen) Bereich mit Naturwissenschaft und Philosophie befassen konnten. In den Klöstern überdauerte dieses Wissen.

Die Klöster waren es auch, die in diesen unruhigen Zeiten Aufgaben der staatlichen Verwaltung übernahmen, bis sich ab dem 9. Jahrhundert wieder festere Strukturen herausbildeten.

Die wichtigste Aufgabe der Mönche und Nonnen bestand im Studium der Heiligen Schriften und im Gebet. Dies war in einem strengen Zeitablauf geregelt. Zwischen den Gebetszeiten waren praktische Dinge zu erledigen: Die Räume mussten gereinigt, Wäsche gewaschen, Kranke versorgt und natürlich auch der Garten bearbeitet werden.
Die Gärten lagen in der Regel innerhalb der Klostermauern. Das hatte praktische Gründe, da Salatpflanzen und anderes Gemüse nicht lange haltbar und transportfähig sind. Frisch sind sie gut zu verarbeiten und schmecken auch am besten. Der begrenzte Platz ließ den Anbau von Feldfrüchten nicht zu. Diese wurden auf anderen, zu den Klöstern gehörenden Flächen angebaut – den Klostergütern. Diese existieren teilweise heute noch oder sind wenigstens in Resten erhalten.
Da die ersten Klöster im Mittelmeerraum entstanden sind, gelangte aus dem mediterranen Gebiet auch eine Reihe von Kulturpflanzen in den Norden. Dies wird bei den einzelnen Pflanzen noch näher ausgeführt. Ohne diese Kulturleistung müssten wir uns immer noch mit dem wenigen begnügen, was die heimische Tier- und Pflanzenwelt hergibt! Außerdem gäbe es viel weniger Gewürze und Heilpflanzen, wobei zwischen beidem damals nicht unterschieden wurde. Es war bekannt, dass jedes Gewürz auch seine Wirkung auf den menschlichen Körper hat.

Was aßen die Germanen (und die meisten Römer!) um die Zeitenwende?

Nach allem, was heute bekannt ist, bestand keine große Auswahl an Nahrungsmitteln. Es wurden einige Getreidearten (u. a. Gerste, Emmer, Einkorn, Dinkel) angebaut, dazu Ackerbohnen, auch Erbsen und Linsen. In den meisten Fällen wurde daraus ein Brei gekocht, je nach Jahreszeit mit Beeren und Wildkräutern verfeinert. Gelegentlich schlachtete man ein Schwein. Hin und wieder gab es Wild. Bienenhonig wurde gesammelt. Getreide wurde zu „Bier“ vergoren! Aber sicher entsprachen die damaligen Gerichte nicht unserem heutigen Geschmacksempfinden!

Wie sah ein Klostergarten aus und was wurde dort angebaut?

Ganz genau weiß das natürlich heute niemand. Es gibt jedoch einige interessante Aufzeichnungen aus dem frühen Mittelalter. Aus diesen lassen sich Rückschlüsse auf die damalige Landwirtschafts- und Gartenkultur ziehen. So erließ Karl der Große um 800 eine „Landgüterordnung". Darin sind, sehr umfangreich, alle mit der Bewirtschaftung von Gütern verbundenen Angelegenheiten geregelt, von organisatorischen Fragen und dem Umgang mit Untergebenen bis hin zu ganz praktischen Dingen: Handwerk, Handel, Tierhaltung und Pflanzenbau. Selbst der Bejagung der Wölfe ist ein Abschnitt gewidmet. Für den Gartenbau von besonderem Interesse sind die im Kapitel 70 zum Anbau empfohlenen Pflanzen. Es handelt sich um 73 ein- und mehrjährige Pflanzen sowie 16 Obst- und Fruchtgehölze. Nicht alle sind in ganz Deutschland winterhart – wie zum Beispiel der Lorbeer und die Bitterorange. Später gelangten viele dieser Pflanzen aus den Klöstern in die Bauerngärten und erhöhten damit deren Artenvielfalt.

Garten des Klosters Seligenstadt

In einem weiteren Werk aus dieser Zeit, von Walahfrid Strabo (808 bis 849) verfasst, werden in dem Lehrgedicht „Hortulus“ *(„Gärtchen“)* recht anschaulich eine Reihe von Pflanzen samt der Mühen, die der Gärtner mit ihnen hat, beschrieben.

Garten nach Walahfrid Strabo, Insel Reichenau

Die Idealvorstellung eines Klosters wurde um 820 auf der Insel Reichenau im Bodensee aufgezeichnet: der St. Galler Klosterplan. Er bildet auf einem großen Pergament (112 cm x 77 cm) den Grundriss eines Klosters mit allen Örtlichkeiten ab. Auch die Gärten fehlen darin nicht. Sie sind aufgeteilt in Gemüsegarten, Heilkräutergarten und Obstgarten. Alles ist recht praktisch angelegt. So befindet sich der Heilkräutergarten gleich neben der Krankenstation und wegen des geringen Platzangebots innerhalb des Klosters wird der Obstgarten auf dem Friedhof der Mönche angelegt. Darin stehen unter anderem Apfelbäume, Mispeln, Maulbeeren und Quitten. Der Heilkräutergarten beinhaltet zum Beispiel Salbei, Liebstöckel und Poleiminze, aber auch Rosen und Lilien. Für den Gemüsegarten, neben den Geflügelställen gelegen, werden unter anderem Lauch, Sellerie, Mangold und Pastinaken erwähnt. Den Zeichnungen zu entnehmen ist auch, dass der Gemüseanbau auf Beeten erfolgte. Diese waren mit dicken Eichenbohlen begrenzt. Heute würden wir von einem niedrigen Hochbeet sprechen. Auf der Insel Reichenau kann man eine Gartenanlage besichtigen, die nach den Aufzeichnungen von Walahfrid Strabo angelegt wurde. Andere Schriften aus dem Mittelalter befassten sich vorrangig mit Heilpflanzen. Dazu gehören das „Lorscher Arzneibuch“ (um 800), der „Macer floridus“ (um 1100) und natürlich die Werke der Hildegard von Bingen (1098 bis 1179).

Abteiruine Kloster Altzella

Und heute?

Klöster gibt es immer noch, auch Klostergärten. Viele der alten Klöster sind allerdings aufgelöst worden, sei es nach der Reformation im 16. Jahrhundert oder später. Oft bestehen die Gebäude noch, werden als Museen oder für kirchliche und kulturelle Zwecke genutzt.

Wir finden also bis heute Klostergärten, in denen auf unterschiedliche Weise und in verschiedener Trägerschaft versucht wird, altes Wissen zu bewahren, aber auch neue Entwicklungen, wie den ökologischen Anbau mit voranzutreiben und zu erforschen. Hier einige Beispiele dazu:

Kloster Sankt Marienstern in Panschwitz-Kuckau (bei Bautzen)

Zisterzienserinnenkloster seit 1248, Klostergarten öffentlich zugängig, wird als Umwelt- und Lehrgarten durch das Ernährungs- und Kräuterzentrum im Kloster St. Marienstern betrieben

Klosterstift St. Marienthal (bei Görlitz)

ältestes Zisterzienserinnenkloster Deutschlands, 1234 gegründet, ein Teil der Gartenanlage ist öffentlich zugängig, wird als „Garten der Bibelpflanzen“ genutzt

Ehemalige Benediktinerabtei Seligenstadt

Zwischen 830 und 840 gegründet, sehr sehenswerter rekonstruierter barocker Klostergarten.

Klosterinsel Reichenau im Bodensee
Benediktinerkloster, 724 gegründet, 1757 aufgelöst, seit 2001 wieder eine klösterliche Gemeinschaft auf der Insel, Schaugarten nach Walahfrid Strabo

Kloster Lehnin
ehemalige Zisterzienserabtei, 1180 gegründet, denkmalpflegerische Rekonstruktion 1871 bis 1877, kleiner Klostergarten und meditativer Garten zwischen den Kreuzgängen

Kloster Neuzelle
ehemalige Zisterzienserabtei, 1268 gegründet, Klostergarten im barocken Stil, seit 1997 rekonstruiert, 2016 Plan für Neugründung durch österreichische Mönche

Kloster Altzella
Ehemalige Zisterzienserabtei (seit 1175), heute mit eindrucksvollen Gebäuderesten und einem großen Klosterpark und kleinem Klostergarten

Kloster Bad Doberan
Ehemalige Zisterzienserabtei 1252 gegründet, bedeutender Kirchenbau, ein Klostergarten wird vom Klosterverein seit 2002 betreut

Kloster Rehna
Ehemaliges Nonnenkloster (Benediktinerinnen, später Prämonstratenserinnen), 2004 Klostergarten eingeweiht, 2009 Hildegard-von-Bingen-Garten

Klosterstift Heiligengrabe
Ehemaliges Zisterzienserinnenkloster, 1287 gegründet, seit 1740 evangelisches Damenstift, Garten mit Klosterpflanzen

Stift Engelszell (Österreich)

1293 als Zisterzienserkloster gegründet, seit 1925 einziges Trappistenkloster Österreichs, Garten mit regionaltypischen Heilpflanzen und Weinsorten

Kloster Ter Apel (Niederlande)

1465 durch den Orden vom Heiligen Kreuz gegründet, bestand bis 1593, seit 1930 Wiederaufbau, seit 1992 auf der Liste der 100 wertvollsten „Rijksmonumente" der Niederlande, sehr reichhaltiger und informativer Klostergarten im Innenhof

Noch eine Anmerkung zum Mittelalter und zu den damaligen Lebens- und Ernährungsweisen:

Seit einigen Jahren ist das Mittelalter wieder in den Blickpunkt der Öffentlichkeit gerückt. Forscher haben Lebensweise und medizinische Überlieferungen aus dieser Zeit mit den derzeitigen Möglichkeiten untersucht. Da die Inhaltsstoffe der Pflanzen heute genau analysiert werden können, muss von etlichen Behandlungsmethoden und Pflanzenverwendungen abgeraten werden. Es hat sich jedoch manche, zunächst seltsam erscheinende, Heilmethode im Licht heutiger wissenschaftlicher Erkenntnisse als durchaus zutreffend erwiesen. Fast vergessene Pflanzen werden wieder aktuell. Das Mittelalter wird heute mitunter als Quelle der Pflanzenheilkunde, gesunden Ernährung und sorgloser Lebensweise idealisiert. Was könnte die Ursache dafür sein? Auf der einen Seite genießen wir die Annehmlichkeiten sowie den technischen Fortschritt der Gegenwart, auf der anderen Seite ist unsere heutige Lebensweise häufig mit Stress und Überbelastung verbunden. Das Leben der Menschen im Mittelalter erscheint daher, aus heutiger Sicht, wesentlich ruhiger, ohne Reizüberflutung. Vielleicht liegt gerade darin der Schlüssel für die Rückbesinnung auf die vermeintlich „guten alten Zeiten". Das Leben damals war aber auf andere Weise sehr schwer. Wenn die Witterung schlecht war und die Ernteerträge ausblieben, verhungerten viele Menschen. Kalte Häuser und unzureichende hygienische Bedingungen führten zu Krankheiten, die wir heute nur noch aus Büchern kennen. Die Ursachen von Infektionskrankheiten lagen noch völlig im Dunkeln. Das Leben im Mittelalter war demnach auch nicht ideal. Die für gut befundenen Dinge dieser Zeit sollten wir jedoch bewahren und nutzen. Das Verwenden von Klosterpflanzen in der Küche ist ein Teil davon. Viele Rezepte aus dem Mittelalter sind leider nicht im Original überliefert. Selbst wenn, hätten wir möglicherweise nicht viel Freude daran. Die Geschmäcker in dieser Zeit waren wohl doch wesentlich anders als heute. Einige der damals häufig verwendeten Gewürze, wie Eberraute *(Artemisia abrotanum)* oder Weinraute *(Ruta graveolens)* empfinden viele Menschen als unangenehm seifig oder bitter, jedenfalls in „Reinkultur". Sie waren und sind aber gut für die Fettverdauung, wodurch sie auch fettes Essen genießbar und verdaulich machten. Im Buch haben wir uns deshalb bemüht, einfache an unseren Geschmack angepasste Rezepte, in denen die aus alten Schriften bekannten Klosterpflanzen verwendet werden, aufzuschreiben.

Kloster Chorin

Pflanzen und Rezepte

Bärlauch *(Allium ursinum)*

Herkunft und Kulturgeschichte

Beim Bärlauch oder auch Waldknoblauch haben wir es mit einer Pflanze zu tun, die in unseren Breiten wild wächst. Nördlich kommt sie bis Mittelschweden vor, ist aber auch bis zum Kaukasus hin verbreitet. Der Pflanzenname bezieht sich darauf, dass die auffällige Lauchart vor allem in Wäldern wächst, wo (zumindest früher) die Bären lebten. Auch der Name „Waldknoblauch“ weist darauf hin.

Der Bärlauch ist unter seinem anderen Namen „Rams“ (das ist ein alter indoeuropäischer Pflanzenname) Bestandteil vieler Ortsnamen – vor allem in Bayern (zum Beispiel Ramsau, Ramsenthal) bekannt. Sogar in Pfahlbauten der Stein- und Bronzezeit sind Nachweise für seine Verwendung gefunden worden. Auch im Zusammenhang mit griechischen Ärzten der Antike, wie Plinius, wird der Bärlauch erwähnt. Bärlauch ist sicher schon so lange bekannt, weil die Blätter würzig schmecken und durch Sammeln ohne die Mühen des Anbaus geerntet werden können. Dennoch gehört er zu den Pflanzen, die in der Landgüterordnung Karls des Großen zum Anbau empfohlen wurden (als *„uniones“*). Auch im Lorscher Arzneibuch ist er erwähnt. Im Umfeld von Klöstern wächst bis heute viel Bärlauch. Das muss nicht nur an der Verwendung des Bärlauchs als Würzpflanze liegen, wie das Beispiel Quedlinburg zeigt: Im „Brühl“, dem heutigen Stadtpark, trafen sich gern die Mönche des Wipertiklosters mit den Nonnen des 936 gegründeten Damenstifts. Nach einiger Zeit nahmen die Treffen überhand. Die Äbtissin Bertradis verbot deshalb im 13. Jahrhundert den Mönchen den Zutritt zum Brühl. Außerdem ließ sie dort Bärlauch aussäen. So hatte sie die Kontrolle darüber, wer sich wieder einmal zu „intensiv“ im Brühl aufgehalten hatte!

Auch andere Klöster wie das Kloster Triefenstein in Unterfranken oder das Kloster Lorch in Württemberg sind für Bärlauchbestände in ihrem Umfeld bekannt.

Pflanzenbeschreibung und ein wenig Botanik

Der Bärlauch ist ein Zwiebelgewächs. Er wächst in Wäldern, vorzugsweise an feuchten Stellen im Schatten von Laubbäumen. Die Zwiebeln sind schmal und etwa 3 cm lang. Sie stecken 10 cm bis 15 cm tief in der Erde. Aus ihnen entwickeln sich im April/Mai grüne Blätter. Später erscheinen die weißen Blütendolden auf 20 cm bis 30 cm hohen Stielen. Schon während der Samenreife beginnen die Blätter abzusterben, wobei sie einen starken Knoblauchgeruch freisetzen.

Achtung Verwechslungsgefahr:

Die Blätter ähneln denen des Maiglöckchens, welches fast zeitgleich an denselben Standorten vorkommen kann, aber stark giftig ist! Im Unterschied zum Bärlauch riechen dessen Blätter aber **nicht** nach Knoblauch. Nach Mitte Juni sind nur noch giftige Maiglöckchenblätter zu sehen! Die Bärlauchblätter

Bärlauch liebt feuchte und schattige Standorte

sind dann längst abgestorben. Auch mit den Blättern der noch giftigeren Herbstzeitlose kann es im Einzelfall zu Verwechslungen kommen. Aber auch deren Blätter sind ohne Knoblauchgeruch! Nur wer den Bärlauch wirklich genau von den anderen genannten Arten unterscheiden kann, sollte diesen als Wildpflanze sammeln!

Zwiebeln des Bärlauchs

Anbau und Nutzung früher ...

Im Gegensatz zu den anderen in diesem Buch beschriebenen Pflanzen ist uns zum Anbau in früheren Zeiten so gut wie nichts bekannt. Erwiesenermaßen war der Bärlauch, wie schon an den Funden aus der Steinzeit ersichtlich, eine beliebte Würzpflanze. Auch die Römer verwendeten ihn und deshalb wurde er sogar in die Landgüterordnung Karls des Großen aufgenommen. Später geriet die Pflanze in Vergessenheit, vielleicht auch wegen der Einführung des Knoblauchs. Erst Hieronymus Bock und Leonhart Fuchs, zwei Kräuterbuchautoren im 16. Jahrhundert, fanden in alten griechischen Schriften Informationen über den Bärlauch und nahmen diese in ihre Bücher auf.

... und heute

Der Bärlauch erfreut sich seit einigen Jahren großer Beliebtheit. Nicht zuletzt ist das der Tatsache zu verdanken, dass er im Geschmack dem Knoblauch sehr ähnlich ist, aber sein Duft nach dem Verzehr nicht so lange anhält. Es gibt inzwischen deutschlandweit Bärlauchmärkte und -feste, zum Beispiel im Botanischen Garten Rostock, im Kloster Lorch und in Eppingen. Ein spezieller Anbau auf großen Flächen ist nach unserer Kenntnis nicht üblich.

Auch der Bärlauch für die gewerbliche Verarbeitung stammt in der Regel aus Wildsammlungen. Da die Pflanze große und vor allem reine Bestände bildet, ist dies relativ leicht zu bewerkstelligen.

Tipps zum Anbau im eigenen Garten

Bärlauch ist eine Pflanze, die man nicht auf Beeten kultiviert. Sie ist viel pflegeleichter: Wer Sträucher und schattige Ecken im Garten hat, sollte es einmal versuchen. Bärlauchpflanzen werden seit einigen Jahren im Topf, also mit Blättern, gehandelt. Sie können im Pflanzjahr noch einige Zeit beerntet werden. Da die Pflanzen durch den Transport schon etwas gestresst sind und dann auch noch in neue Erde kommen, trocknen die Blätter schnell ein und die Zwiebeln bilden erst im Herbst, unter dem Einfluss kühlerer Temperaturen, wieder neue Wurzeln. Die getopften Pflanzen blühen in der Regel (noch) nicht. Im darauf folgenden Frühjahr schon kommen die frischen grünen Blätter aus dem Boden. Wenn dann die ersten Blütenstände erscheinen, sollte man die kleinen schwarzen Samen ausreifen und ausfallen lassen. So entsteht im Verlauf weniger Jahre eine eigene kleine Bärlauchecke, in der man im Frühjahr genügend Blätter für den eigenen Bedarf ernten kann. Anfangs ist beim Ernten der Blätter Zurückhaltung geboten. Die Pflanzen entwickeln sich in den nächsten Jahren dann umso besser.
Wenn genug Pflanzen vorhanden sind, sollten die Blütenstände vor der Samenreife entfernt werden, damit sich der Bärlauch nicht stärker als gewollt im Garten ausbreitet! Die Blüten sind außerdem eine leckere essbare Dekoration für Salate und Quark.

Inhaltsstoffe

Bärlauch gehört zu den ersten frischen Frühlingsgemüsen. Er enthält viele organische Schwefelverbindungen, die im Körper ihre antibiotische Wirkung entfalten. Außerdem Mineralstoffe wie: Kalium, Magnesium und Eisen. Auch der Vitamin-C-Gehalt ist recht hoch.

Nachfolgend einige wichtige Inhaltsstoffe (auf 100 g frische Blätter bezogen):

		Tagesbedarf	% des Bedarfs
Energie	19 kcal		
Wasser	92,64 g		
Eiweiß	0,90 g	70 g	
Fett	0,30 g	max. 60 g	
Kohlenhydrate	2,93 g		
Ballaststoffe	2,18 g	30 g	
Vitamine			
Vitamin A	200 µg	800 µg	25 %
Beta-Carotin	1,2 mg		
Vitamin B1	130 µg	1,4 mg	9,29 %
Vitamin B6	200 µg	2 mg	10 %
gesamte Folsäure	17 µg		
Vitamin C	150 mg	100 mg	150 %
Vitamin E	250 µg	12 mg	2,08 %
Mineralstoffe			
Kalium	336 mg	2 g	
Magnesium	22 mg	300 mg	
Natrium	16 mg	550 mg	
Schwefel	61 mg		
Spurenelemente			
Eisen	2,87 mg	14 mg	
Mangan	320 µg	3,5 mg	

Quelle: http://www.naehrwertrechner.de (Bärlauch roh)

Rezepte

Bärlauchbutter
(ideal auf Brot)

Zutaten
10 Blätter frischer Bärlauch
250 g Butter
1–2 Prisen Salz

Weicher Butter Salz hinzufügen (oder gleich gesalzene Butter verwenden), gründlich rühren, Bärlauchblätter mit dem Wiegemesser zerkleinern und alles vermengen. Die Bärlauchbutter lässt sich gut einfrieren und steht dann auch beim sommerlichen Grillen zur Verfügung.

TIPP: Die geschmacklich mit Abstand beste Verwendung für Bärlauch ist die Kombination mit Fetten oder der Rohverzehr.

Bärlauchbutter

Bärlauchquark

Zutaten
250 g Quark
10 Blätter frischer Bärlauch
Salz, Pfeffer
Eventuell Leinöl (nach Geschmack)

Bärlauchblätter mit dem Wiegemesser zerkleinern und zum Quark hinzufügen. Mit Salz und Pfeffer abschmecken. Wer es mag, kann Leinöl unterrühren. Der Quark bekommt dadurch eine pikante Note und ist doppelt so gesund.

Frühlingssalat mit frischem Bärlauch

Bärlauch lässt sich in alle Gartensalate einfügen. Als Grundlage empfiehlt sich grüner Salat (Kopfsalat, Pflücksalat). Dazu kommen, je nach Verfügbarkeit, Löwenzahnblätter, Fenchelblätter, Blätter und Blüten vom Gundermann, junge Blätter der Schafgarbe, Gänseblümchenblüten, junge Gierschblätter, Gartenkresse oder Breitblattkresse und dann natürlich Bärlauchblätter.
Die jeweiligen Komponenten klein, aber nicht zu klein zupfen, mit gutem Speiseöl vermengen und mit Salz, Pfeffer und Zucker abschmecken.

Bärlauch und junge Gierschblätter sind gute Zutaten für einen Frühlingssalat

Stauden-Fenchel *(Foeniculum vulgare var. dulce)*

Herkunft und Kulturgeschichte

Jeder erkennt Fenchel an seinem angenehmen Duft. Es ist kein Wunder, dass diese Pflanze schon seit langem bekannt ist und als Heilpflanze, aber auch als Gewürz- und Gemüsepflanze kultiviert wird. Chinesen, Inder, Araber und Ägypter kannten Fenchel bereits im Altertum. Die Pflanze ist im Mittelmeerraum und östlich bis hin zum Kaukasus beheimatet.
Übrigens heißt der berühmte griechische Ort *Marathon* übersetzt „Fenchelfeld" – ein Hinweis auf die große Bedeutung des Fenchels bei den alten Griechen! Der heutige Name „Fenchel" leitet sich vom lateinischen Wort: *„fenum"* (= Heu), Bezug nehmend auf den starken Duft der Pflanze, ab.
Nach Mitteleuropa gelangte er, wie viele andere Pflanzen, durch die Benediktinermönche, die ihn in ihren Klostergärten anbauten. Er wird als *„feniculum"* in der Landgüterordnung erwähnt. Auch im Heilpflanzengarten des Klosterplanes St. Gallen findet er einen Platz. Im Gedicht „Hortulus" von Walahfrid Strabo wird der Fenchel besonders gelobt:

„Auch die Ehre des Fenchels sei hier nicht verschwiegen, er hebt sich
kräftig im Spross und erstrecket zur Seite die Arme der Zweige,
ziemlich süß von Geschmack und süßen Geruches desgleichen …"

Der Fenchel gehörte im Mittelalter zu den sogenannten „Paradiespflanzen". Diese wurden aufgrund ihrer Schönheit (wie Alant, Schwertlilie oder Rose) und/oder angesichts häufiger Verwendung als Gewürz- oder Heilmittel so bezeichnet. Zu letzterer Kategorie wäre der Fenchel zu rechnen. Alle diese Pflanzen fanden schon sehr früh den Weg von den Kloster- in die Bauerngärten. Ohne Übertreibung lässt sich also sagen, dass der Fenchel seit dem Mittelalter einen festen Platz in den Gärten Mitteleuropas einnimmt.

Die im Frühjahr austreibenden Fenchelblätter sind besonders zart.

Pflanzenbeschreibung und ein wenig Botanik

Der Staudenfenchel ist eine Selektion aus dem Wilden Fenchel, der bitterer schmeckt. Er gehört zu den Doldenblütengewächsen *(Apiaceae)* und erreicht eine Höhe von bis zu 2 m. Das Laub ist fein gefiedert. Die gelben Blüten stehen in großen Dolden. Die Pflanze ist ausdauernd und überwintert mit einem kräftigen Wurzelstock. Im Frühjahr erscheinen dann die neuen Triebe, an deren Enden die Blütendolden stehen. Die Früchte sind 6 mm bis 10 mm lang und im Spätsommer erntereif.

Daneben gibt es den Knollenfenchel *(Foeniculum vulgare var. azoricum)*. Bei ihm bilden die unteren Stängelblätter eine zwiebelähnliche Verdickung: die „Knolle“. Er ist zweijährig, wurde in Italien gezüchtet und angebaut. Übrigens gehört er erst seit wenigen Jahrzehnten zum festen Gemüsesortiment in Deutschland!

Anbau und Nutzung früher ...

Der Fenchel spielte als Nutzpflanze schon immer eine große Rolle. Dabei wurden Blätter, Wurzel, Samen und Stängel verwendet. Zur Heilwirkung gibt es eine Vielzahl von schriftlichen Quellen. Aus dem Bereich der Klöster sind die folgenden von besonderem Interesse:

Walahfrid Strabo schreibt in seinem schon oben zitierten Gedicht weiter zur Heilwirkung des Fenchels:

Fenchel *„lockre, so sagt man die Blähung des Magens und fördere lösend alsbald den zaudernden Gang der lange verstopften Verdauung. Ferner vertreibt die Wurzel des Fenchels, vermischt mit dem Weine … den keuchenden Husten.“*

Bei Hildegard von Bingen spielt der Fenchel ebenfalls eine wichtige Rolle. Sie empfiehlt ihn unter anderem bei Schlafstörungen.

Das Lorscher Arzneibuch beschreibt viele Krankheiten, für deren Heilung Fenchelsamen eingesetzt werden kann. So ist er dort enthalten in Mitteln gegen Gicht, weiße Flecken im Auge, Nierenschmerzen, Blasenschmerzen und weitere Beschwerden. Es wird zum Beispiel empfohlen, ihn frisch gegen Zahnschmerzen zu kauen, den Saft gegen Lungenleiden zu trinken oder ihn zusammen mit Honig als Mittel gegen Magenbeschwerden zu kochen.

… und heute

Der Staudenfenchel wird heute vor allem seiner Samen wegen angebaut. Diese sind nach wie vor ein wichtiger Bestandteil von Tees. Außerdem runden Fenchelsamen den Geschmack von Anis- oder Kümmellikören ab. Hinzu kommt noch ihre Nutzung als Arzneimittel und als Bestandteil von Kosmetika und Tinkturen.

Gemahlene Fenchelsamen geben Gewürzmischungen für Brot und Pfefferkuchen das richtige Aroma.

Für verschiedene Gerichte finden aber auch die aromatischen Blätter des Staudenfenchels sowie frische Triebe Verwendung.

Blühender Fenchel

Tipps zum Anbau im eigenen Garten

Der Anbau des Staudenfenchels im eigenen Garten erfolgt am besten in einer windgeschützten, sonnigen und damit warmen Gartenecke – besonders in den kühleren Teilen Deutschlands. Für die oben genannten Anwendungsbeispiele benötigt man nur wenige Pflanzen. Im Handel wird dafür Saatgut angeboten, meist unter dem Namen „Gewürzfenchel". Bei dem geringen Bedarf lohnt sich aber auch der Kauf von Pflanzen in speziellen Kräutergärtnereien oder auf Gartenmärkten.

Inhaltsstoffe

Fenchel enthält eine Reihe von ätherischen Ölen, die für seinen charakteristischen Geschmack und seine gesundheitliche Wirkung verantwortlich sind. Darüber hinaus hat der Fenchel viele Vitamine und Mineralstoffe. Nachfolgend einige wichtige Inhaltsstoffe (auf 100 g frische Blätter bezogen):

Der Staudenfenchel verleiht während der Blütezeit Blumenbeeten eine besondere Note.

		Tagesbedarf	% des Bedarfs
Energie	25 kcal		
Wasser	88,34 g		
Eiweiß	2,43 g	70 g	
Fett	0,30 g	max. 60 g	
Kohlenhydrate	2,84 g		
Ballaststoffe	4,19 g	30 g	
Vitamine			
Vitamin A	783 µg	800 µg	97,88 %
Beta-Carotin	4,7 mg		
Vitamin B1	230 µg	1,4 mg	16,43 %
Vitamin B2	110 µg	1,6 mg	6,88 %
Vitamin B9	76 µg	400 µg	19 %
Vitamin C	93 mg	100 mg	93 %
Vitamin E	6 mg	12 mg	50 %
Vitamin K	240 µg	70 µg	342,86 %
Mineralstoffe			
Calcium	109 mg	1 g	
Kalium	494 mg	2 g	
Magnesium	49 mg	300 mg	
Natrium	86 mg	550 mg	
Phosphor	51 mg	800 mg	
Spurenelemente			
Eisen	2,70 mg	14 mg	
Kupfer	60 µg	1,5 mg	
Mangan	320 µg	3,5 mg	
Zink	0,25 mg	15 mg	
Sonstiges			
Pflanzliches Eiweiß	2,43 g		

Quelle: http://www.naehrwertrechner.de (Fenchel frisch)

Fencheltee

Rezepte

Fencheltee

(schmackhaft und zur Beruhigung)

Für Kinder: 1 Teelöffel Fenchelsamen in eine Tasse geben und mit kochendem Wasser übergießen. Anschließend 15 Minuten bedeckt ziehen lassen. **Für Erwachsene:** 2–3 Teelöffel Fenchel verwenden.

TIPP: Verfeinern von Kräuterquark und Salaten

Hierzu werden frische Fenchelblätter zerkleinert und dem Quark oder dem

Fenchel verfeinert den Tomatensalat oder Kräuterquark

Salat untergemischt. Auch mit anderen Kräutern gemeinsam schmeckt das sehr gut.

Saucen
(für Fischgerichte):

Zutaten
2 Teelöffel Fenchelsamen
$^1/_4$ l kochendes Wasser
$^1/_4$ l Brühe, Milch oder Kochsahne
30 g Margarine oder Butter
30 g Mehl
Salz, Pfeffer, Zucker

Aus den Fenchelsamen bereitet man einen Sud zu, indem 2 Teelöffel Samen mit ¼ l heißem Wasser übergossen werden. Anschließend 15 Minuten ziehen lassen und danach durch ein Sieb abgießen.
Währenddessen die Margarine oder Butter zerlassen, Mehl hinzugeben und unter Rühren braun werden lassen. Zur Brühe, Milch oder Kochsahne den Fenchelsud hinzugeben, die Mehlmasse nach und nach damit auffüllen und verrühren. Mit Salz, Pfeffer und einer Prise Zucker abschmecken.

Fenchelsamen

Gartenmelde *(Atriplex hortensis)*

Herkunft und Kulturgeschichte

Wie viele der in den Klostergärten angebauten Pflanzen, stammt auch die Melde ursprünglich aus dem Mittelmeerraum. Sie wurde schon im Altertum als Gemüsepflanze verwendet und von den Römern nach Deutschland gebracht. Dies belegen Samen von Melde, die in einer zivilen Römersiedlung aus der Zeit von 160 n. Chr. bis 220 n. Chr. bei Welzheim, in der Nähe von Stuttgart, gefunden wurden.

Vom Mittelalter bis in die Renaissancezeit hinein war die Melde in Deutschland weit verbreitet. Sie stellte ein wichtiges Blattgemüse dar. Erst nach dem 16. Jahrhundert wurde sie vom Spinat verdrängt.

Die ältesten schriftlichen Belege für die Melde, außerhalb des Mittelmeerraumes, stammen aus der Pflanzenliste Karls des Großen, dem *„Capitulare"*. Sie muss also schon in größerem Umfang angebaut worden sein, sodass sie dort aufgelistet wurde. Hier wird sie als *„adripias"* bezeichnet. Näher am heutigen botanischen Gattungsnamen ist später Hildegard von Bingen mit den von ihr verwendeten Bezeichnungen *„attriplex"* und der deutschen Bezeichnung *„melda"*.

In den Kräuterbüchern des 16. und 17. Jahrhunderts spielt die Pflanze kaum eine Rolle.

Eine nette Anekdote aus der Frühzeit der Lehre sei hier noch erwähnt: Es ist überliefert, dass man im Mittelalter der Auffassung war, dass aus Meldeblättern, die in einem Tontopf eingelegt und in der Erde vergraben werden, im Frühjahr junge Frösche entstehen! Bestimmt wussten das die Leute auf dem Lande damals auch schon besser. Den Gelehrten fehlte jedoch die praktische Anschauung. Das zeigt, wie mühsam sich Wissen seine Bahn bricht.

Alle Gartenmelden sind dekorativ. Hier die grüne Varietät.

Pflanzenbeschreibung und ein wenig Botanik

Die Gartenmelde ist eine einjährige Pflanze. Sie muss also jedes Jahr neu ausgesät werden. Wenn sie auf einem kräftigen Boden steht, erreicht sie schnell eine Höhe von 1,50 m bis 2,00 m. Beschrieben werden schon seit dem Altertum Meldesorten mit grünen, roten, und gelben Blättern, heute als Varietäten bezeichnet. Diese fallen weitgehend echt aus Samen, die Jungpflanzen haben gleiche Eigenschaften wie die Elternpflanzen. Unterschieden werden neben der grünen Art *(Atriplex hortensis)* die Varietäten *Atriplex hortensis var. rubra* (rot), *var. atrosanguinea* (purpurrot) sowie *var. lutea* (gelb) und deren Sorte „Cupreatorosea“ (kupferfarben glänzend).

Die Einteilung der Pflanzenfamilien ist in den letzten Jahren durch molekularbiologische Erkenntnisse neu geordnet worden. Die Gänsefußgewächse *(Chenopodiaceae)* bildeten lange Zeit eine eigene Familie. Nach der aktuellen Nomenklatur sind sie nun eine Unterfamilie der Fuchsschwanzgewächse *(Amaranthaceae)*.

Anbau und Nutzung früher …

Über den konkreten Anbau in den Klöstern des Mittelalters ist uns wenig mehr bekannt als schon in den ersten Abschnitten dieses Buches mitgeteilt wurde. Von verschiedenen Autoren sind uns aber einige frühere Anwendungen der Gartenmelde überliefert, vor allem aus dem medizinischen Bereich. So empfiehlt ein griechischer Autor (Diskorides) um 60 n. Chr. die

gekochte Melde als Heilmittel. Genauer wird die Heilwirkung der Melde im „Macer floridus“ beschrieben. Roh oder gekocht sollte sie demnach Geschwülste heilen. Hildegard von Bingen empfiehlt sie, um die Verdauung zu erleichtern. Außerdem soll ein Mus aus Schnittlauch, Melde und Ysop innerlich und äußerlich gegen „schlimme Drüsen“ wirksam sein.
Über die Verwendung in der Küche ist ebenfalls nicht viel bekannt. Es wird beschrieben, dass man Melde zusammen mit Fleisch kochte. Auch wurde sie, wie anderes Gemüse, zu Mus verarbeitet. Von diesem Wort stammt übrigens auch der heutige Begriff „Gemüse“ ab!

... und heute

Der Anbau von Melde beschränkt sich heute im Wesentlichen auf den Eigenbedarf aus dem eigenen Garten. Es wird wohl nur selten Möglichkeiten geben, frische Meldeblätter zu kaufen. Dazu trocknen sie zu schnell ein. Die Blätter können auf verschiedene Weise zubereitet werden. Neben der Verwendung in frischen Salaten kann man die Blätter, wie auch in früheren Zeiten, als Spinat zubereiten. Spinat ist im Sommer in der Regel nicht aus eigenem Anbau verfügbar.

Rote Gartenmelde

Tipps zum Anbau im eigenen Garten

Alle Gänsefußgewächse, zu denen übrigens auch der Spinat gehört, lieben nährstoffreiche Böden. Die Melde macht da keine Ausnahme. Die Samen können im Herbst oder im Frühjahr direkt auf ein vorbereitetes Beet ausgesät werden. Die Sämlinge fallen durch ihre Farbe ins Auge.

Sie entwickeln sich schnell zu stattlichen Pflanzen. Entspitzen fördert die Bildung von Seitentrieben mit zarten Blättern. Außerdem kann so die Blüte verzögert werden. Noch einfacher ist der Anbau, wenn man einzelne Pflanzen auf dem Beet blühen lässt und im Frühjahr die auflaufenden Sämlinge an eine geeignete Stelle verpflanzt. Durch ihre Farbe sind sie schon als Keimpflanze gut im Beet zu erkennen!
Geerntet werden die jungen Blätter möglichst noch vor der Blüte. Später, wenn die Pflanzen blühen, schmecken sie bitter. Die Spitze und die jüngsten Blätter müssen aber an der Pflanze gelassen werden! Zu starke Trockenheit und Nährstoffarmut führen zu vorzeitiger Blüte.
Samen der verschiedenen Farbvarianten erhält man zum Beispiel beim Verein „Dreschflegel“ (www.dreschflegel-saatgut.de), der es sich zur Aufgabe gemacht hat, alte Kulturpflanzen vor dem Aussterben zu bewahren.

Inhaltsstoffe

Die Melde ist reich an Proteinen, Vitaminen und Mineralstoffen. Sie enthält wie auch der Spinat Oxalsäure, allerdings deutlich weniger.

Die Gartenmelde gedeiht auch gut zwischen anderen Pflanzen.

Nachfolgend einige wichtige Inhaltsstoffe (auf 100 g frische Blätter bezogen):

		Tagesbedarf	% des Bedarfs
Energie	25 kcal		
Wasser	90,22 g		
Eiweiß	2,20 g	70 g	
Fett	0,30 g	max. 60 g	
Kohlenhydrate	3 g		
Ballaststoffe	2,58 g	30 g	
Vitamine			
Vitamin A	600 µg	800 µg	75,00 %
Beta-Carotin	3,6 mg		
Vitamin B1	90 µg	1,4 mg	6,43 %
Vitamin B2	160 µg	1,6 mg	10,00 %
gesamte Folsäure	30 µg		
Vitamin C	35 mg	100 mg	35 %
Vitamin E	1,5 mg	12 mg	12,50 %
Vitamin K	400 µg	70 µg	571,43 %
Mineralstoffe			
Calcium	100 mg	1 g	
Kalium	400 mg	2 g	
Magnesium	65 mg	300 mg	
Natrium	100 mg	550 mg	
Spurenelemente			
Eisen	2,70 mg	14 mg	
Kupfer	110 µg	1,5 mg	
Mangan	300 µg	3,5 mg	
Sonstiges			
Pflanzliches Eiweiß	2,2 g		

Quelle: http://www.naehrwertrechner.de (Melde frisch)

Rezepte

Quark oder Frischkäse mit Roter Gartenmelde

Zutaten
Je nach Blattgröße
3–5 Blätter roter Gartenmelde
250 g Quark oder Frischkäse
Salz, Pfeffer

Die Meldeblätter klein reißen oder schneiden, unter den Quark rühren und mit Salz und Pfeffer abschmecken. Der rote Saft der Melde verbindet sich mit den Fettbestandteilen des Quarks bzw. des Frischkäses und färbt ihn rosa. Ein Hingucker!

Tipp: Meldeblätter können jedem Salat beigefügt werden. Kleine Blätter verwendet man im Ganzen, größere werden zerkleinert. Sie werten ihn optisch auf und steigern den Gesundheitswert.

Besonders dekorativ wirken die roten Meldeblätter auf dem hellen Frischkäse.

Melde-Bratlinge

Zutaten
200 g Melde
30 g Graupen
10 g Semmelbrösel
10 g Butter oder Margarine
1 Ei
Salz, Pfeffer, Thymian
Speiseöl

Die Melde klein schneiden, zusammen mit den Graupen in einen Topf geben und Salzwasser hinzufügen, bis alles reichlich bedeckt ist. Gemeinsam aufkochen lassen und danach 30 Minuten unter geringerer Wärmezufuhr köcheln lassen. Etwas abkühlen, das gequirlte Ei, Semmelbrösel und die Gewürze hinzufügen und vermengen. Aus dieser Masse Bratlinge formen und in Öl braten. Die Gewürze können je nach Geschmack variiert werden.

Der grüne Salat gewinnt enorm durch die Beimischung der farbkräftigen Melde.

Meldebratlinge

Kohlrübe *(Brassica napus subsp. rapifera)*

Herkunft und Kulturgeschichte

Die Geschichte der Kohlrübe liegt ein wenig im Dunkeln. Sie war auf jeden Fall den Römern bekannt und wurde in den Höhenlagen Griechenlands und Italiens angebaut. Wir wissen davon aus den Schriften Plinius des Älteren (1. Jahrhundert n. Chr.). Im Mittelalter stellte die Kohlrübe wegen ihrer Erträge und vor allem der guten Lagerfähigkeit ein wichtiges Grundnahrungsmittel dar, ähnlich wie heute die Kartoffel. Sie wird unter anderem als „Steckrübe" bezeichnet. Das Wort Steckrübe bezieht sich dabei auf das Pflanzen (= Stecken) der Sämlinge im Gegensatz zu anderen Rüben, die direkt ausgesät werden. Im norddeutschen Sprachraum ist bis heute der Name „Wruke" gebräuchlich.

Genauere Abbildungen finden sich in den Kräuterbüchern des 16. Jahrhunderts. Dabei werden weiße und gelbe Formen unterschieden.

Pflanzenbeschreibung und ein wenig Botanik

Bei der Kohlrübe handelt es sich wie bei fast allen Kohlarten um eine zweijährige Pflanze. Im ersten Jahr entwickelt sich eine Knolle (wissenschaftlich: *Hypokotylknolle*) aus der Wurzel und dem unteren Stängelteil. Wenn man diese nicht erntet, bildet sich im zweiten Jahr daraus ein hoher, verzweigter Blütenstand, der sich schließlich mit gelben Kreuzblüten, ähnlich wie beim nahe verwandten Raps, schmückt.

Kohlrüben auf dem Wochenmarkt

Die Sorten unterscheiden sich auch in der Knollenfarbe

Die Samen sind klein, schwarz und rund.
Genutzt wird ausschließlich die Rübe/Knolle, als klassisches Herbst- und Wintergemüse.
Botanisch gehört die Kohlrübe zu den Kreuzblütengewächsen *(Brassicaceae)*.

Anbau und Nutzung früher ...

Die Kohlrübe war vor allem in bäuerlichen Kreisen ein wichtiges Grundnahrungsmittel. Überliefert sind Rezepte, die uns auch heute noch zusagen könnten. Man kochte die Rüben oder briet sie mit Speck. Ob der *„ruobenkumpost“* unseren Geschmack träfe, ist dagegen fraglich. Die Kohlrüben wurden für dieses Gericht blanchiert und mit Essig und Salz konserviert.
Natürlich hatte die Kohlrübe auch in den Klöstern des Mittelalters ihren Platz. Sie wurde auf Feldern angebaut, also weniger in den Klostergärten. Die Klöster verfügten, wie schon eingangs erwähnt, über Landbesitz. Dieser wurde meist von Klostergütern bewirtschaftet. Dieses Land zu verkaufen hätte natürlich die Versorgung des Klosters gefährdet. Der überlieferte Spruch „Vertut der Abt den Besitz, so hat der Mönch keine Rübe“ erinnert daran.
Obwohl die Kohlrübe ein allgemein bekanntes und verbreitetes Nahrungsmittel war, gibt es in den mittelalterlichen Schriften nur wenige schriftliche Überlieferungen:
Hildegard von Bingen erwähnt nur, dass man die Rüben schälen sollte, was wohl als praktischer Tipp für die Verarbeitung in der Küche galt. Über den Verwendungszweck sagen ihre Schriften nichts aus.

Im Lorscher Arzneibuch wird die Verwendung der Samen in einem Heilmittelrezept erwähnt.

Eine wichtige Rolle als Grundnahrungsmittel spielte die Kohlrübe noch einmal im Ersten Weltkrieg. Nach der sehr schlechten Kartoffelernte 1916 wurden die Kohlrüben als Ersatz genommen. Im „Kohlrübenwinter" wurde wegen der allgemeinen Lebensmittelknappheit aus Kohlrüben auch Marmelade, Sauerkraut, und sogar Kaffeeersatz hergestellt. Der Name „Mecklenburger Ananas". sollte der Bevölkerung das wenig beliebte Gemüse schmackhafter machen. Die nach 1945 im Osten Deutschlands geprägte Bezeichnung „Arbeiterananas" ist daran angelehnt und war scherzhaft gemeint

In den Nachkriegsjahren 1946/47 halfen die Kohlrüben erneut über einen Hungerwinter.

Ausreichender Pflanzabstand sichert gutes Gedeihen der Kohlrübenpflanzen.

Gelbe Blätter zeigen im Herbst, dass die Ernte bald beginnen kann.

... und heute

Die Kohlrübe ist bis heute als Wintergemüse bekannt. Sie wird nicht mehr in großem Umfang angebaut, gehört aber zum Angebot auf Märkten und, zumindest in Norddeutschland, auch in den größeren Einkaufszentren. Heute ist sie vor allem als Eintopfgemüse gebräuchlich. Es gibt aber auch andere leckere Rezepte.

Tipps zum Anbau im eigenen Garten

Im Garten lassen sich die Kohlrüben erfolgreich anbauen. Sie benötigen einen guten Boden. Die Aussaat erfolgt im Zeitraum Juni/Juli direkt ins Freiland oder ab Ende Mai in kleine Töpfe. Der Pflanzenabstand sollte nach dem Auspflanzen beziehungsweise Verziehen 40 bis 50 cm betragen. Die Rüben sind ab Oktober erntereif. Sie vertragen keinen längeren Frost unter

-8 °C. Vor dem Einlagern sollten die Blätter entfernt werden. Im kalten Keller, noch besser in einer Miete, halten sich Kohlrüben bis zum Frühjahr – wenn sie nicht schon vorher aufgegessen worden sind ...
Der Samenhandel bietet verschiedene Sorten an. Bekannt ist zum Beispiel die gelbfleischige „Wilhelmsburger".

Inhaltsstoffe

Kohlrüben sind kalorienarm. Bemerkenswert ist ihr relativ hoher Vitamin-C-Gehalt.
Nachfolgend einige wichtige Inhaltsstoffe (auf 100 g frische Rübe bezogen):

		Tagesbedarf	% des Bedarfs
Energie	22 kcal		
Wasser	91,62 g		
Eiweiß	1,12 g	70 g	
Fett	0,15 g	max. 60 g	
Kohlenhydrate	3,74 g		
Ballaststoffe	2,39 g	30 g	
Vitamine			
Beta-Carotin	85 µg		
gesamte Folsäure	14 µg		
Vitamin C	21,17 mg	100 mg	21,17 %
Vitamin K	5 µg	70 µg	7,14 %
Mineralstoffe			
Calcium	49 mg	1000 mg	
Kalium	109 mg	2000 mg	
Sonstiges			
Pflanzliches Eiweiß	1,116 g		

Quelle: http://www.naehrwertrechner.de (Kohlrübe gegart)

Rezepte

Kohlrübeneintopf

Zutaten
750 g Kohlrüben
500 g Kartoffeln
½ Teelöffel Majoran
1 Teelöffel Kümmel
1 Esslöffel Mehl
1 Esslöffel Butter
Petersilie oder Schnittlauch
300 g Schweinefleisch (wahlweise auch Kassler oder Knacker)
1 ½ l Wasser
2 Zwiebeln
1 Lorbeerblatt
5 Gewürzkörner (Piment)
Salz, Zucker nach Geschmack

Das Fleisch in 1½ l Wasser mit Zwiebel, Lorbeerblatt und Gewürzkörnern kochen. Währenddessen die Kohlrüben schälen und würfeln, ebenso die Kartoffeln. Wenn das Fleisch fast weich ist, wird es in Würfel geschnitten. Die Brühe durch ein Sieb in einen großen Topf seihen. Dazu das klein geschnittene Fleisch, Kohlrüben, Kartoffeln, Majoran und Kümmel geben und gar kochen. Butter zerlassen, Mehl hinein geben und bräunen lassen (Mehlschwitze) und damit die Suppe binden. Mit Salz und gegebenenfalls etwas Zucker abschmecken. Beim Auftragen mit Petersilie oder Schnittlauch garnieren.

Kleingeschnittene Kohlrüben, Zwiebeln und Möhren zur weiteren Verarbeitung.

Kohlrübengemüse schmeckt gut zu herzhaften Knackern.

Kohlrübengemüse

(Schmor-Wruken)
zum Überfüllen mit Schweinefleisch und Knackern

Zutaten

1 Kohlrübe
2–3 Möhren
3 Zwiebeln
Thymian
Salz, Pfeffer, etwas Zucker
250 g Kassler vom Kamm (alternativ Gänseklein, Entenklein)
4 Knacker
$1\frac{1}{2}$ l Wasser
50 g Butter
50 g Mehl

Die Kohlrübe schälen, in Würfel schneiden und eventuell eine Nacht im Gefrierfach aufbewahren. Die Möhren und Zwiebeln putzen und ebenfalls in Würfel schneiden. Das Fleisch gar kochen und warm halten. In der Fleischbrühe die Kohlrübe, Möhren und Zwiebeln mit Thymian und etwas Zucker gar kochen. Nach dem Garen wird die Masse in eine Schüssel gegeben. Die Knacker wärmen. Im Topf wird die Butter zerlassen, das Mehl hinzu gegeben und zu einer Schwitze verrührt und leicht angebräunt. Die Kohlrübenmasse wird hinzu getan, noch einmal aufgekocht und mit Salz, Pfeffer, Thymian und gegebenenfalls Zucker abgeschmeckt. Dazu werden das Fleisch und die Knacker gereicht. Als Beilage eignen sich Salzkartoffeln.

Mangold *(Beta vulgaris var. cicla)*

Herkunft und Kulturgeschichte

Mangold, wie wir die Pflanze heute kennen, ist wie Zucker- und Futterrübe und Rote Bete eine Auslese aus der wilden Rübe, die an Meeresküsten, in Deutschland unter anderem auf Helgoland, wächst. Beim Mangold werden ausschließlich die Blätter und Blattstiele geerntet. Die Auslese zum „reinen" Mangold erfolgte über lange Zeit. Im Altertum wurden sowohl die Stiele als auch die Rüben genutzt. Im Mittelmeerraum wird Mangold seit dem Ende des 2. Jahrtausends v. Chr. kultiviert! Somit gehört er zu unseren ältesten Kulturpflanzen. Schon in der Antike wurden Blatt- und Stielmangold sowie verschiedene Farbsorten unterschieden. Die Römer brachten die Pflanze nach Deutschland. Man fand Samen aus dieser Zeit bei Neuss am Rhein. In den Kräuterbüchern des Mittelalters werden Mangoldpflanzen in verschiedenen Farben abgebildet. Die alte Bezeichnung „Römischer Spinat" weist auf die Herkunft des Mangolds hin.

Pflanzenbeschreibung und ein wenig Botanik

Mangold ist eine zweijährige Pflanze. Im ersten Jahr entwickelt sich eine kräftige Wurzel mit stark entwickelten Blättern. Die Blätter sind 30 cm bis 50 cm lang und haben kräftige Blattstiele. Die Blätter und besonders die Stiele sind je nach Sorte sehr intensiv gefärbt, sodass die Pflanzen auch eine Zierde für den Garten darstellen. Im zweiten Jahr entwickelt sich dann der bis zu 1 m hohe Blütenstand. Wie bei allen Gänsefußgewächsen *(Chenopodiaceae)* sind die Einzelblüten nicht sehr auffallend.

Anbau und Nutzung früher …

Schon im antiken Griechenland war Mangold eine sehr bekannte und weit verbreitete Marktfrucht. Das wird auch daran deutlich, dass sich ein antiker Komödiendichter (Alexis, 372 v. Chr. bis 270 v. Chr.) am Beispiel der „Rübe", zu der in dieser Zeit auch noch der Mangold gehörte, über die Verwendung scheinbar gelehrter Ausdrücke lustig machte:

Sagt in gewohnter Sprache irgendwelcher Arzt:
„Dem Kranken gebt dieses oder jenes Mittel ein",
so lacht man über ihn! Doch sagt derselbe er
fremdländischen Akzents, so staunt man ob des Spruchs
und preiset seine Weisheit überaus! Nennt er
die Rübe „Seutlion", so spottet, wer ihn hört,*
doch spricht er „Teutlion", gleich horcht ein jeder auf ...*
Als wär', weiß Gott, von Seutlion und Teutlion
der Unterschied ganz himmelweit!

Intensiv rot gefärbte Stiele des Mangold.

Genutzt wurde die Pflanze, so ist es überliefert, im Altertum als Nahrungsmittel oder auch als Krankenkost. Den süßen Saft aus der Wurzel verwendete man als Heiltrank.
In den Klöstern gehörte Mangold ebenfalls zu den wichtigen Nahrungsmitteln. In Überlieferungen aus dem Kloster Lorsch wird darauf hingewiesen, dass im Gegensatz zum Kohl der Mangold das ganze Jahr über verträglich sei. So kann davon ausgegangen werden, dass die Klosterküche oft mit frischen Mangoldblättern aus dem Garten versorgt worden ist.

---

* *beides Bezeichnungen für die Rübe, „Teutlion" wurde vom Philosophen Aristoteles benutzt, hatte also allein deshalb einen höheren Stellenwert als das gebräuchlichere „Seutlion".*

… und heute

Mit dem verstärkten Anbau von Spinat ging der Anbau von Mangold in der Mitte des 20. Jahrhunderts deutlich zurück. Geschmacklich unterscheiden sich aber beide Pflanzenarten! Erst in den letzten Jahren gewann der Mangold wieder verstärkt an Bedeutung. Für den Kleinanbauer ist es eine Gemüsekultur, die wenig Arbeit macht.

Inzwischen findet man den Mangold, aufgrund seiner farbenprächtigen Blätter, auch in öffentlichen Blumenrabatten. Selbst im eigenen Garten sind sie eine Zierde für jedes Beet.

Tipps zum Anbau im eigenen Garten

Mangold kann im Garten leicht angebaut werden. Die Samen enthalten stets mehrere Keimlinge, entsprechend ist nach dem Auflaufen zu vereinzeln. Bei einer Aussaat zwischen Anfang April und Anfang Mai sind die Pflanzen dann Mitte bis Ende Juli so groß, dass Blätter für den Verbrauch entnommen werden können. Für den normalen Hausgebrauch reichen drei bis vier Pflanzen aus. Wer Mangold häufiger auf den Tisch bringen möchte,

Die bunten Stiele des Mangolds sind sehr dekorativ und passen auch in Blumenbeete

darf natürlich gern mehr anbauen! Die Blätter können bis zum Eintritt des Frostes geerntet werden. Man nimmt jeweils die großen äußeren Blätter. Die mittleren sogenannten „Herzblätter“ müssen unbedingt stehen bleiben, damit die Pflanze weiter wachsen kann. Nach milden Wintern treibt sie im Frühjahr wieder aus.

Bis zum Erscheinen der Blüten bilden sich neue Blätter, die geerntet werden können.

Inhaltsstoffe

Mangold enthält viele Mineralstoffe und Vitamine. Beachtet werden sollte, dass die Blätter wie bei vielen Gänsefußgewächsen Oxalsäure enthalten. Nachfolgend einige wichtige Inhaltsstoffe (auf 100 g frische Blätter bezogen):

An den im Ganzen abgeschnittenen Blattschöpfen wird die Verwandtschaft zur Rübe besonders deutlich.

		Tagesbedarf	% des Bedarfs
Energie	25 kcal		
Wasser	89,71 g		
Eiweiß	2,13 g	70 g	
Fett	0,30 g	max. 60 g	
Kohlenhydrate	2,90 g		
Ballaststoffe	2,58 g	30 g	
Vitamine			
Vitamin A	588 µg	800 µg	73,50 %
Beta-Carotin	3,53 mg		
Vitamin B1	98 µg	1,4 mg	7,00 %
Vitamin B2	160 µg	1,6 mg	10,00 %
Vitamin B6	90 µg	2 mg	4,50 %
Vitamin B9	22 µg	400 µg	5,50 %
gesamte Folsäure	30 µg		
Vitamin C	39 mg	100 mg	39 %
Vitamin E	1,5 mg	12 mg	12,50 %
Vitamin K	400 µg	70 µg	571,43 %
Mineralstoffe			
Calcium	103 mg	1 g	
Kalium	376 mg	2 g	
Magnesium	81 mg	300 mg	
Natrium	90 mg	550 mg	
Spurenelemente			
Eisen	2,70 mg	14 mg	
Kupfer	77 µg	1,5 mg	
Mangan	300 µg	3,5 mg	
Sonstiges			
Pflanzliches Eiweiß	2,13 g		

Quelle: http://www.naehrwertrechner.de (Mangold frisch)

Rezepte

Mangold-Fisch-Auflauf

Zutaten
6–8 große Blätter Mangold
800 g Fischfilet
(z. B. Lachs, Zander oder Hecht)
300 g Fetakäse (alternativ: Frischkäse)
$^1/_4$ l Brühe
Salz, Pfeffer,
eventuell Kardamom (Pulver)

Stiele und Blattmasse des Mangolds trennen. Zuerst die Stiele klein schneiden und in Butter mit Zugabe von etwas Wasser oder Brühe bissfest garen. Anschließend die klein geschnittene Blattmasse hinzugeben, vermengen und weiter dünsten, bis die Blätter zusammenfallen. Den gedünsteten Mangold (Blätter und Stiele) in einer gebutterten, großen Auflaufform flach ausbreiten. Die Brühe dazu gießen. Den gesalzenen Fisch darauf legen. Zum Fisch noch etwas gemahlenen Kardamom geben und mit dem

Die Mangold-Unterlage gibt dem Fischgericht eine besondere Geschmacksnote.

zerbröselten Fetakäse bestreuen. Die Auflaufform mit Alufolie abdecken und 40 Minuten im Backofen bei 150 °C backen. Dazu entweder Reis, Buchweizen, Weißbrot, Baguette oder Fladenbrot reichen.

Herzhafte Mangold-Pfanne

Zutaten
500 g Mangold
2 mittelgroße Zwiebeln
150 g durchwachsener Speck
50 g fetter Speck
150 ml Saure Sahne
(alternativ: Kochsahne oder Joghurt)
$^1/_4$ l Brühe
Salz, Pfeffer, Zucker

Wenn man den Mangold im eigenen Garten hat, ist die Mangold-Pfanne schnell zubereitet.

Den fetten Speck in kleine Würfel schneiden und in einer großen Pfanne oder im Topf ausbraten. Die klein geschnittenen Zwiebeln dazu geben und anbraten, bis sie leicht braun sind.

Blattmasse des Mangold von den Stielen trennen und beides getrennt klein schneiden. Die klein geschnittenen Stiele zum ausgelassenen Speck und den Zwiebeln geben, mit Brühe auffüllen und dünsten, bis sie knapp bissfest sind. Danach die klein geschnittene Blattmasse und den ebenfalls gewürfelten, durchwachsenen Speck dazu geben und weiter zugedeckt dünsten, bis die Blätter weich sind. Bei Bedarf noch Brühe nachfüllen, damit die Masse nicht anbrennt. Mit Salz, Pfeffer und ggf. Zucker abschmecken.

Nun die saure Sahne hinzu geben und unterheben. Dazu Brot oder Pellkartoffeln reichen. Auch ein Spiegelei kann das Gericht ergänzen. Wird verschiedenfarbiger Mangold verwendet, kann zugunsten der farbigen Optik auf das Auffüllen mit saurer Sahne verzichtet werden.

Maulbeere *(Morus alba und Morus nigra)*

Herkunft und Kulturgeschichte

Die Maulbeeren können auf eine lange Geschichte zurückblicken. Die bei uns in Mitteleuropa nutzbaren Arten stammen aus verschiedenen Gebieten: Schwarze Maulbeeren aus Westasien, Weiße Maulbeeren aus Ostchina und die Rote Maulbeere aus Nordamerika.

In unserem Kulturkreis am längsten bekannt ist die Schwarze Maulbeere. Sie wird schon um 400 v. Chr. in griechischen Schriften erwähnt. In Griechenland war der Baum übrigens dem Hirtengott Pan geweiht.

Auch in der Bibel wird der Maulbeerbaum häufig genannt. Es wird sich dabei in den meisten Fällen um den Schwarzen Maulbeerbaum gehandelt haben. In der Geschichte vom Zöllner Zachäus, der auf einen Maulbeerbaum stieg, um Jesus besser sehen zu können, handelte es sich aber um die Maulbeerfeige *(Ficus sycomorus)*, auch Sykomore genannt. Dieser Baum wird viel größer und kräftiger, seine Früchte sind kleiner und nicht so wohlschmeckend wie echte Feigen.

Um eine Schwarze Maulbeere handelt es sich bei dem Maulbeerbaum im Park der Benediktinerabtei Brauweiler. Der Baum soll ein Alter von 1000 Jahren haben. Die dazugehörige Legende besagt, dass 991 der lothringische Pfalzgraf Ezzo auf seinem Hofgut Brauweiler die junge Mathilde, Tochter Kaiser Ottos des Zweiten, heiratete. Am Morgen nach der Hochzeitsnacht hob er ein Stück Boden aus, steckte einen Zweig des Maulbeerbaumes hinein und sprach: „Ich schenke Dir allen Grund und Boden und alles, was hier wächst und steht." Der Baum ist inzwischen nur noch ein großer flacher Busch. Er bringt aber immer noch reiche Erträge. Seine Früchte werden vor Ort zu dem Gelee „Mathildes Traum" und einem Obstbrand verarbeitet.

Während bei der Schwarzen Maulbeere die gut schmeckende Frucht im Mittelpunkt steht, ist es bei der Weißen Maulbeere das Blattwerk. Seit Jahrtausenden dient es in China als Futter für die Seidenraupen. Friedrich

Die glänzenden Blätter sind typisch für die Weiße Maulbeere

der Große führte im 18. Jahrhundert die Seidenraupenzucht in großem Stil ein, um das Land von Importen unabhängig zu machen. So wurden in Preußen viele Maulbeerplantagen und Maulbeeralleen angelegt, wie zum Beispiel am Park Sanssouci. Bald nach seinem Tod im Jahr 1784 ging die preußische Seidenproduktion aber wieder stark zurück.

Pflanzenbeschreibung und ein wenig Botanik

Alle drei Maulbeerarten wachsen als Sträucher oder kleine Bäume. Sie haben große Blätter, die sie im Herbst verlieren. Ihre Früchte ähneln länglichen Brombeeren, werden je nach Sorte 4 cm bis 6 cm lang. Sie werden reichlich gebildet, fallen zur Reifezeit ab und schmecken angenehm süß. Am aromatischsten sind die Früchte der Schwarzen und Roten Maulbeere. Die Früchte der Weißen Maulbeere besitzen dagegen kaum Säure. Die Fruchtfarbe ist allerdings sehr unterschiedlich. So gibt es auch Sorten der Weißen Maulbeere mit dunklen Früchten und umgekehrt.

Weiße und rote Maulbeeren sind bei uns winterhart. Nur bei den schwarzen kann es in kühleren Lagen zu Frostschäden kommen.

Die Maulbeeren gehören zur Familie der Maulbeerbaumgewächse *(Moraceae)*. Sie haben in den Zweigen einen weißen Milchsaft. Die Blüten sind wenig auffällig, es gibt männliche und weibliche Blüten an einem Baum.

Anbau und Nutzung früher ...

Die wohlschmeckenden Früchte der Schwarzen Maulbeeren waren sicher ein Grund, sie schon sehr früh zu kultivieren. In der Bibel wird der blutrote Saft erwähnt. Von den Griechen ist bekannt, dass sie die Früchte gern aßen, den Saft zum Färben von Wein nutzten und die Wurzelrinde als Mittel gegen Bandwürmer verwendeten. Kein Wunder also, dass der Maulbeerbaum auf der Liste der Pflanzen stand, die Karl der Große in seiner Landgüterordnung zum Anbau empfahl. Auch im Klosterplan von St. Gallen durfte ein Maulbeerbaum nicht fehlen. Hier war er, wie alle Obstbäume, für das Areal des Friedhofs der Mönche vorgesehen – praktisch, wenn wenig Platz vorhanden ist!

Erwähnung findet die Maulbeere im Lorscher Arzneibuch (um 800) als Bestandteil eines Abführmittels zusammen mit Quitten, Ebereschen und Kornelkirschen.

Die Früchte der Maulbeeren sehen aus wie längliche Brombeeren.

... und heute

Die Maulbeeren schmecken uns auch heute noch. Da sie sehr weich sind, eignen sie sich nicht für den Marktverkauf. Aber in verarbeiteter Form sind sie erhältlich – als Saft oder als getrocknete Früchte im Müsli. Auch Tee lässt sich aus den trockenen Früchten herstellen, welcher außerdem hilft Entzündungen im Bereich der Mundhöhle zu heilen.

Ebenso können die Früchte gut zu Gelee, Marmelade oder Sirup verarbeitet werden.

Tipps zum Anbau im eigenen Garten

Wer frische Maulbeeren essen möchte, sollte die Pflanzen im eigenen Garten anbauen. In warmen Gebieten lässt sich das gut realisieren. Inzwischen steht eine Reihe geeigneter Sorten zur Verfügung. Empfohlen wird wegen ihres hervorragenden Aromas zum Beispiel die Sorte „Illinois Everbearing“, eine Kreuzung zwischen Weißer und Roter Maulbeere. Zu weiteren Sorten können am besten die regionalen Baumschulen Auskunft geben.

Die Maulbeerfrüchte reifen über mehrere Wochen und fallen auch schnell vom Baum. Vereinfachen lässt sich die Ernte, wenn man ein Tuch unter den Strauch legt und kräftig an ihm schüttelt.

Der Maulbeerstrauch an sich wächst recht stark und muss immer wieder zurück geschnitten werden, was er auch gut verträgt. Speziell die Weiße Maulbeere kann wegen ihres den ganzen Sommer über frischgrünen, glänzenden Laubs als geschnittene Hecke einen Garten sehr zieren.

Maulbeersträucher bilden ein dichtes Blattwerk und sind damit sehr zierend.

Inhaltsstoffe

Maulbeeren haben einen hohen Zuckergehalt von 8 bis 10 Prozent. Bedeutsam ist außerdem ihr Gehalt von Pektin (2 %) und Fruchtsäuren (1,9 %). Nachfolgend weitere wichtige Inhaltsstoffe (auf 100 g frische Früchte bezogen):

		Tagesbedarf	% des Bedarfs
Energie	44 kcal		
Wasser	86,53 g		
Eiweiß	1,30 g	70 g	
Kohlenhydrate	8,10 g		
Ballaststoffe	1,50 g	30 g	
Vitamine			
Beta-Carotin	14 µg		
Vitamin C	10 mg	100 mg	10 %
Vitamin E	500 µg	1,2 mg	4,17 %
Vitamin K	10 µg	70 µg	14,29 %
Mineralstoffe			
Calcium	36 mg	1 g	
Kalium	260 mg	2 g	
Magnesium	15 mg	300 mg	
Phosphor	48 mg	800 mg	
Spurenelemente			
Eisen	1,60 mg	14 mg	
Mangan	900 µg	3,5 mg	

Quelle: http://www.naehrwertrechner.de (Maulbeere frisch)

Rezepte

Maulbeer-Mixgetränk

Zutaten
400 g Maulbeeren
60 g Zucker
Saft einer Orange
½ l Buttermilch (schön kalt)
0,2 l Schlagsahne
200 g Vanilleeis

Zunächst 400 g Beeren mit Wasser kochen, bis sie zerkocht sind. Anschließend Zucker, Zitronenmelisse, Pfefferminze und Rotwein hinzugeben und nochmals kurz aufkochen. Diesen Sud über die restlichen frischen Beeren gießen und kalt stellen. Beim Servieren kleine Portionen frisch geschlagene Sahne als Verzierung darauf geben.

Maulbeerkaltschale

Zutaten
500 g Maulbeeren
1½ l Wasser
150 g Zucker
1 l Rotwein (alternativ roter Traubensaft)
3 Stängel Zitronenmelisse
1 Stängel Pfefferminze
¼ l Schlagsahne

Den Zucker zu den Maulbeeren geben und pürieren, anschließend durch ein Sieb streichen, damit die Kerne entfernt werden. Buttermilch und Orangensaft verrühren, das Maulbeermus hinzugeben und die steif geschlagene Sahne unterheben.
In die Gläser je 1 Kugel (ca. 50 g) Vanilleeis geben und mit der Mischung auffüllen.

Getrocknete Maulbeeren sind ein gesunder Snack.

Maulbeerkompott

Zutaten
500 g Maulbeeren
½ l Wasser
150 g Zucker
200 ml Weißwein
Saft 1 Zitrone
3 Stängel Zitronenmelisse

Die Früchte in Wasser mit Zucker, Weißwein, Zitronensaft und Zitronenmelisse aufkochen (nicht zu lange, damit sie nicht zerfallen) und kalt servieren.

Die Frucht der Maulbeere ist relativ süß, aber nicht zu süß und daher sehr geeignet für Desserts.

Maulbeerkompott

Mispel *(Mespilus germanica)*

Herkunft und Kulturgeschichte

Wie viele unserer Obstarten stammt die Mispel aus Vorderasien. Am Kaspischen Meer wurden sie bereits 1000 v. Chr. angebaut. Durch den Handel gelangte sie nach Griechenland. Bereits 300 v. Chr. berichtet Theophrast, dass die Mispel in den Obstgärten weit verbreitet sei. Die Römer brachten diese Obstart später bis nach West- und Mitteleuropa. In diesen Gebieten entwickelte sie sich offensichtlich so gut, dass sie schließlich zum Gattungsnamen *„Mespilus"* den wissenschaftlichen Artnamen *„germanica"* erhielt. Sie gehört zu den Obstarten, die in der Landgüterordnung Karls des Großen zum Anbau empfohlen werden, hier unter dem Namen *mespilarios*.

Im Mittelalter wurde die Frucht sehr geschätzt und auch verbreitet. Davon zeugen bis heute verschiedene Volksnamen wie Asperl (Bayern) oder Hundsärsch (Saarland).

Mispelblüten sind in den Wappen der Städte Geldern und Viersen enthalten.

Pflanzenbeschreibung und ein wenig Botanik

Die Mispel bildet einen etwas sparrigen Strauch oder einen kleinen Baum. Ihre Blätter sind relativ groß und behaart, was auf die ursprüngliche Herkunft aus Trockengebieten hinweist. Die Blüten erscheinen im Mai/Juni, sind weiß und haben einen Durchmesser von 3 cm bis 5 cm. Sie ähneln Birnen- oder Apfelblüten. Die Mispel gehört, wie viele Obstarten, zu den Rosengewächsen *(Rosaceae)*.

Ihre Früchte sind apfelähnlich, allerdings deutlich kleiner als Äpfel (Durchmesser maximal 5 cm bis 6 cm). Sie reifen sehr spät im Oktober/November und sind, wie die Quitten, nicht zum Frischverzehr geeignet.

Heute werden im Handel vielfach orangerote Früchte als „Mispeln" angeboten. Dabei handelt es sich um die Früchte der Japanischen Wollmispel

(Eriobotrya japonica). Dies ist ein immergrüner Baum mit großen, zierenden Blättern. Er ist bei uns aber nicht winterhart.
Wegen der Namensähnlichkeit kann es auch leicht zu Verwechslungen mit der Mistel *(Viscum album)* kommen. Diese Pflanze wächst als Halbschmarotzer auf Bäumen und ist besonders im Winter in den Baumkronen zu sehen. Einen Wert für die Ernährung hat sie nicht.

Anbau und Nutzung früher ...

Mit Sicherheit hatte die Mispel im Mittelalter eine größere Bedeutung als heute. Das mag vor allem daran liegen, dass inzwischen wesentlich schmackhaftere Obstarten bekannt sind.

Als kleiner Baum gezogen bildet die Mispel eine regelmäßige Krone aus.

Über die konkreten Zubereitungsformen ist wenig bekannt. Es kann aber davon ausgegangen werden, dass die Früchte wie heute zu Mus verarbeitet wurden. Natürlich gehörte die Mispel zum Grundbestand der Klostergärten. Schon im Klosterplan von St. Gallen ist sie mit aufgeführt. Hildegard von Bingen sah in der Mispel das Sinnbild der Lieblichkeit und empfahl Gesunden sowie Kranken, in „Mengen“ davon zu essen. Ein weiterer Hinweis darauf, dass sich der Geschmack geändert hat?
Am Rande sei noch erwähnt, dass das feste Holz der Mispel für Kampfstöcke Verwendung fand.

... und heute

Die Mispel spielt im Obstbau so gut wie keine Rolle mehr. In den letzten Jahren wurden die Früchte wieder etwas bekannter. Allerdings wird sie wohl auf absehbare Zeit eine Liebhaberpflanze bleiben.

In der Volksmedizin gelten Mispeln als harntreibend, blutreinigend und wirksam gegen Durchfall. Außerdem wirken sie entzündungshemmend bei Darmerkrankungen. Sie sollen auch vorbeugend gegen Arterienverkalkung wirksam sein.

Das Laub der Mispeln hat eine wunderschöne Herbstfärbung.

Tipps zum Anbau im eigenen Garten

Die Mispeln gedeihen in warmen Lagen besonders gut. Sie sind in unseren Breiten ausreichend winterfest und durch die späte Blüte richten auch Spätfröste keinen Schaden an. Da die Bäume nicht sehr groß werden, lohnt sich selbst im kleinen Garten ein Anbauversuch.

Einige Sorten gibt es im Handel:

„Holländische Riesenmispel" – große Früchte mit gutem Geschmack

„Königsmispel" – mittelgroße (bis 4,5 cm Durchmesser), länglich-runde, graubraune Früchte von angenehmem, gutem Geschmack.

Die Früchte lassen sich nach der Ernte einige Zeit lagern. Dabei verlieren sie einen Teil des Tannins und schmecken dann süßer. Es ist von Vorteil, wenn sie etwas Frost abbekommen.

Inhaltsstoffe

Die Mispelfrüchte haben einen hohen Gehalt an Tanninen. Dies bewirkt den strengen Geschmack. Außerdem enthalten sie natürlich Vitamin C, Zucker, Pektin (1 %) und Zellulose. Wie in Ebereschen und weiteren Früchten ist als Kohlenhydrat unter anderem Sorbit enthalten. Beim Verzehr größerer Mengen kann es daher zu Blähungen und Bauchschmerzen kommen.

Nachfolgend einige wichtige Inhaltsstoffe (auf 100 g frische Früchte bezogen):

		Tagesbedarf	% des Bedarfs
Energie	49 kcal		
Wasser	77,72 g		
Eiweiß	0,50 g	70 g	
Fett	0,20 g	max. 60 g	
Kohlenhydrate	10,60 g		
Ballaststoffe	10 g	30 g	
	Vitamine		
Beta-Carotin	50 µg		
Vitamin C	2 mg	100 mg	2 %
Vitamin E	600 µg	12 mg	5 %
	Mineralstoffe		
Calcium	30 mg	1 g	
Kalium	250 mg	2 g	
Magnesium	11 mg	300 mg	
	Spurenelemente		
Kupfer	170 µg	1,5 mg	
Mangan	40 µg	3,5 mg	

Quelle: http://www.naehrwertrechner.de (Mispel frisch)

Rezepte

Für das Mispelmus 1 kg reife Mispeln kochen und durch ein Sieb passieren (Kerne und Schale werden dadurch entfernt). Anschließend mit Gelierzucker nach Anleitung zubereiten. Der Geschmack erinnert an Datteln – köstlich!

Mispel-Marmelade

Zutaten
1 kg Mispelmus
Gelierzucker nach Wahl
(1:1, 2:1 oder 3:1)

Eine reife Frucht.
Jetzt kann Sie verarbeitet werden.

Für Mispelkompott eignen sich feste Mispeln am besten. Sie werden geschält, halbiert und entkernt. Anschließend dünstet man die Früchte in Wasser, bis sie fast gar sind. Den Apfelsaft und den Zucker hinzugeben und fertig kochen.

Mispel-Kompott

Zutaten
500 g Mispeln
$^1/_4$ l Wasser
$^1/_4$ l Apfelsaft
125 g Zucker

Die noch ganz feste Mispel wird gehobelt oder mit scharfem Messer klein gehackt. Die Stückchen anschließend trocknen. Zur Teebereitung 1 Esslöffel Mispelstückchen mit $^1/_4$ l Wasser aufkochen danach und 15 Minuten zugedeckt köcheln lassen. Je nach Geschmack kann das Getränk mit Zucker und Milch verfeinert werden.

Mispeltee

Zutaten
1 Esslöffel Mispelstücke
bzw. eine noch feste Mispel
$^1/_4$ l Wasser
Zucker nach Geschmack,
evtl. Milch

Pastinake *(Pastinaca sativa)*

Herkunft und Kulturgeschichte

Die Pastinake wächst in ganz Europa wild an Wegrändern und Feldrainen. Im Römischen Reich gehörte sie zu den beliebtesten Wurzelgemüsen. Sie ist in Deutschland schon lange als Nutzpflanze bekannt, darauf weisen ihre vielen Volksnamen hin: Pestnacke, Hirtsaug, Hirschfraß, Speckmöhre, Weiße Möhre, Hammelmöhre. Einige Namen deuten auf die Verwendung der fleischigen, weiß-gelben Speicherwurzel als Nahrungsmittel oder Viehfutter hin, andere auf die Verwandtschaft mit der Möhre. Im Mittelalter allerdings wurden die Namen „Pastinake“ und „Möhre“ oft vertauscht, obwohl Pastinaken gelb und Möhren weiß blühen. Erst die Kräuterbücher des 16. Jahrhunderts lassen, dank ihrer exakter ausgeführten Holzschnitte, eine genaue Unterscheidung der beiden Pflanzenarten zu.
Zur Bedeutung des für uns fremd klingenden Namens „Pastinake“ gibt es keine eindeutige Erklärung. (vielleicht von lateinisch *pastinare* = ausgraben, *pastinum* = Grabstock).
Bereits um 820 erscheinen Pastinake und Möhre in den Pflanzenlisten für den Gemüsegarten des Klosters St. Gallen. Wie sie damals zubereitet wurden, ist nicht überliefert. Auch Hildegard von Bingen (1098 bis 1179) erwähnt in ihren Schriften die Pastinaken.

Pflanzenbeschreibung und ein wenig Botanik

Die Pastinake ist eine zweijährige Pflanze. Dies bedeutet, dass sie im ersten Jahr wächst und eine Speicherwurzel bildet, um dann im zweiten Jahr aus diesem Speicher heraus einen großen, bis 2 m hohen Blütenstand zu bilden. Auf diesem sitzen, in einer großen Dolde, sehr viele gelbe Blüten. Zur Blütezeit sind die sattgelben Dolden ein echter Hingucker. Viele Insekten finden darauf Nahrung.

Die schönen gelben Blütendolden der Pastinake erscheinen erst im 2. Jahr.

Die Wildform behauptet sich auch in Hochstaudenfluren.

Für die Nutzung in der Küche wird die Speicherwurzel nach dem ersten Jahr geerntet.

Die in den Gärten kultivierten Sorten haben wesentlich größere, also dickere und längere Wurzeln als die wilden Pflanzen. Das Ausgraben von Wurzeln am Wegesrand lohnt sich nicht – es sei denn, man befindet sich fernab in der Wildnis und sucht Nahrung zum Überleben.

Pastinaken gehören wie die Möhren zur Familie der Doldenblütler *(Apiaceae)*.

Anbau und Nutzung früher ...

Da die Pastinaken schon in den ersten bekannten Pflanzenlisten der Klöster genannt werden, können wir davon ausgehen, dass das nahrhafte und schmackhafte Wurzelgemüse schon damals weit verbreitet war. Der Anbau von Pastinaken verringerte sich mit der Einführung der Kartoffeln, deren Anbau sich etwa ab 1640 ausweitete.

... und heute

Heute erlebt die Pastinake eine Renaissance, da ihr würzig-süßlicher

Geschmack eine willkommene Abwechslung in der Küche bietet. Sie tritt aber im Anbauumfang deutlich hinter der Möhre zurück und wird hauptsächlich auf Märkten angeboten. Hin und wieder erhält man auch in den großen Einkaufsmärkten Pastinaken, dann aber einzeln verpackt und in Folie eingeschweißt.

Pastinaken lassen sich sehr vielfältig verarbeiten: als Rohkost, Gemüsebeilage und sogar als Chips!

Pastinakensamen kann selbst gewonnen werden, bleibt aber nur etwa 2 Jahre keimfähig.

Tipps zum Anbau im eigenen Garten

Pastinaken lassen sich gut im eigenen Garten anbauen, benötigen aber im Vergleich zu Möhren deutlich mehr Platz. Die Aussaat erfolgt vom zeitigen Frühjahr bis Anfang Mai. Nach dem Auflaufen (nach 3 Wochen) müssen die Pflanzen unbedingt vereinzelt werden. Sie können gern einen Abstand von 15 cm bis 20 cm zueinander haben. Es sieht zwar zunächst sehr leer auf dem Beet aus, aber die Blätter füllen die Lücken relativ schnell wieder. Spätestens bei der Ernte wird der „Mut zur Lücke" mit schönen großen Pastinaken belohnt. Die Wurzeln können im Spätherbst und bei frostfreiem Wetter während des gesamten Winters ausgegraben werden. Je später sie geerntet werden, desto süßer schmecken sie. Die gespeicherte Stärke wird nämlich allmählich in Zucker umgewandelt. Wer aktive Wühlmäuse im Garten hat sollte jedoch zeitig ernten, da auch Wühlmäuse Pastinakenwurzeln zu schätzen wissen. Im feuchten Keller oder in einem mäusesicheren Behälter (zum Beispiel in einer im Boden eingegrabenen luftdurchlässigen Tonne oder alten Waschmaschinentrommel), halten sich die Wurzeln bis zum Frühjahr.

Um eigenes Saatgut zu ernten, lässt man einige Pflanzen stehen. Diese blühen im darauf folgenden Jahr und liefern im Spätsommer Samen. Die blühenden Pflanzen sind eine Zierde im Garten und auch in Blumensträußen dekorativ.

Im Laufe der Jahrhunderte selektierten die Gärtner aus der Formenfülle Sorten, die sich in Wurzelgestalt und Geschmack voneinander unterscheiden. Im Handel sind zum Beispiel die Sorten „Halblange Weiße“ und „Aromata“ erhältlich.

Inhaltsstoffe

Die Pastinake enthält relativ viel Stärke und im Vergleich zur Möhre wesentlich mehr Faserstoffe. Bemerkenswert ist der ziemlich niedrige Nitratgehalt, der selbst auf stark mit Stickstoff gedüngten Flächen nicht über 100 mg/kg Frischsubstanz steigt.

Nachfolgend einige wichtige Inhaltsstoffe (auf 100 g frische Wurzeln bezogen):

Zur Ausbildung großer Wurzeln brauchen die Pflanzen ausreichend Abstand.

		Tagesbedarf	% des Bedarfs
Energie	22 kcal		
Wasser	88,78 g		
Eiweiß	1,31 g	60 g	
Fett	0,40 g	max. 60 g	
Kohlenhydrate	2,92 g		
Ballaststoffe	4,30 g	30 g	
Vitamine			
Beta-Carotin	20 µg		
Vitamin B1	80 µg	1,4 mg	5,71 %
Vitamin B2	130 µg	1,6 mg	8,12 %
Vitamin B3	940 µg	18 mg	5,22 %
Vitamin B5	500 µg	6 mg	8,33 %
Vitamin B6	110 µg	2 mg	5,50 %
Vitamin B9	57 µg	400 µg	14,25 %
gesamte Folsäure	59 µg		
Vitamin C	18 mg	100 mg	18 %
Vitamin E	894 µg	12 mg	7,45 %
Vitamin K	50 µg	70 µg	71,43 %
Mineralstoffe			
Calcium	51 mg	1 g	
Kalium	469 mg	2 g	
Magnesium	22 mg	300 mg	
Phosphor	73 mg	800 mg	
Spurenelemente			
Kupfer	100 µg	1,5 mg	
Mangan	400 µg	3,5 mg	
Sonstiges			
Pflanzliches Eiweiß	1,31 g		

Quelle: http://www.naehrwertrechner.de (Pastinake frisch)

Rezepte

Pastinaken sind ähnlich wie Möhren in der Küche vielseitig verwendbar und einsetzbar (Eintöpfe, Suppen, Beilagen).
Die jungen Blätter können Salaten beigemischt werden. Die Samen der Pastinake geben Suppen eine besondere Würze.

Pastinakengemüse
(als Beilage zu Fleisch oder Fisch)

Zutaten
500 g Pastinaken
125 g Butter
200 ml Brühe
ggf. etwas Salz

Pastinaken waschen, schälen und in kleine Stifte oder Würfel schneiden. In einem Topf Butter zerlassen, die Pastinaken hineingeben und mit der Butter vermengen. Etwas anschmoren lassen und Brühe hinzugeben. Deckel schließen und unter gelegentlichem Umrühren bissfest kochen. Die Kochzeit ist abhängig von der Sorte, daher ab und zu mit einem spitzen Messer testen, ob die Pastinaken schon genug gegart sind.

Pastinaken-Eintopf

Zutaten
500 g Pastinaken
250 g Kartoffeln
250 g Weißkohl
200 g Bauchspeck und/oder Knacker
50 g Butter
50 g Mehl
1 ½ l Brühe
Salz, Pfeffer, Zucker
10 g frischer Ingwer (ganz)

Den Bauchspeck und/oder die Knacker in ½ l Brühe weich kochen und in kleine Stücke schneiden. Die Kochbrühe aufheben.
Pastinaken waschen, schälen und klein schneiden. In der Brühe bissfest kochen, nicht abgießen. Kartoffeln waschen, schälen, kleinschneiden und in einem zweiten Topf ebenfalls bissfest kochen und nicht abgießen.

Von einem Weißkohlkopf schichtweise die nötige Menge Blätter lösen und kleinschneiden, bissfest dünsten, nicht abgießen.
Fleisch, Kartoffeln und Weißkohl mit dem jeweiligen Kochwasser zu den Pastinaken geben. Butter in einem kleinen Topf zerlassen, Mehl hinzugeben, bräunen lassen und zu dem Gemüse geben. Ingwer reiben und hinzugeben, mit Salz, Pfeffer und Zucker abschmecken.

Gebackene Pastinaken

Zutaten
Pastinaken
Speiseöl
Rosmarin (möglichst frisch, sonst aus der Gewürzdose)
Mandelblättchen
grobes Salz

Pastinaken schälen und je nach Größe halbieren oder in ca. 1 cm dicke Scheiben schneiden. Rosmarin klein hacken und mit reichlich Öl vermischen. Die Pastinaken von allen Seiten damit bestreichen, in eine Auflaufform geben, das restliche Rosmarin-Öl hinzufügen und bei 200 °C, 20 bis 30 Minuten backen. Wie bei Kartoffeln eine Garprobe durch Einstechen vornehmen. Die fertigen Pastinaken auf einer Platte oder auf Tellern anrichten, das Öl mit dazu geben und alles mit grobem Salz und Mandelblättchen bestreuen. Dazu ist Toastbrot, bestrichen mit Bärlauchbutter, sehr zu empfehlen.

Gebackene Pastinakenwurzeln sehen nicht nur gut aus, sondern schmecken auch ganz vorzüglich.

Portulak (*Portulaca oleracea*)

Herkunft und Kulturgeschichte

Der Portulak ist eine Pflanze aus dem warmen Süden. Als Salatpflanze ist er heute wenig bekannt, war aber schon im 3. Jahrhundert v. Chr. im Mittelmeerraum als *„portulaca“* verbreitet. Noch ältere Hinweise auf seine Verwendung als Heilpflanze stehen in einer babylonischen Schrift aus dem 8. Jahrhundert v. Chr. In unseren Breiten stammen die ältesten Samenfunde aus der Römerzeit.

Der Name Portulak leitet sich vom lateinischen Wort *„portula“* („kleine Tür“) ab. Dies ist ein Hinweis auf die Samenkapsel, die sich mit einem Deckel öffnet. Im Mittelalter wird die Pflanze auch als *„purzel“* bezeichnet, wohl eine Ableitung aus dem lateinischen Namen.

Zur konkreten Herkunft des Portulak lässt sich wenig sagen. Er wächst im südlichen Afrika, war in Amerika schon vor Kolumbus bekannt und wird seit Jahrtausenden in Indien als Heilpflanze genutzt. Im Jahr 1993 wurde der Portulak als die achthäufigste Pflanzenart auf der Welt ermittelt!

Pflanzenbeschreibung und ein wenig Botanik

Portulak ist eine krautige Pflanze mit fleischigen Stängeln und Blättern. Die Blätter sind frischgrün und 1 cm bis 3 cm lang. Für die Gartenkultur selektierte Formen erreichen bis zu 40 cm Höhe, sonst bleiben sie niedriger. Die Blüten sind gelb, klein (ca. 8 mm), erscheinen in gestauchten Blütenständen und sind nur vormittags geöffnet.

Die kleinen Samen keimen am besten bei Bodentemperaturen von über 25 °C, ein Hinweis auf die tropische Herkunft der Art! Die Samen sind übrigens schwimmfähig, vertragen Meerwasser und bleiben sehr lange keimfähig! Vielleicht liegt darin auch der Grund für seine weltweite Verbreitung. Botanisch gehört der Gemüseportulak zu den Portulakgewächsen (*Portulacaceae*).

Als Zierpflanze für sonnige und warme Standorte ist aus dieser Gattung noch das Portulakröschen *(Portulaca grandiflora)* mit seinen farbenprächtigen Blüten bekannt.
Der sogenannte Winterportulak *(Claytonia perfoliata)*, auch Winterpostelein oder Tellerkraut genannt, gehört zur Familie der Quellkrautgewächse *(Montiaceae)* und stammt aus Nordamerika.

Anbau und Nutzung früher ...

Als Heilpflanze wurde der Portulak weltweit genutzt – von den Indianern Nordamerikas, den Indern bis hin zu den Babyloniern, den Griechen und den Römern. In unserem Kulturkreis wird die Verwendung als Heilpflanze durch Hildegard von Bingen beschrieben, ebenso im *„Macer floridus“*. Der Portulak, bei Hildegard *„burtel“* genannt, gilt als kühlend bei Fieber, Sonnenbrand und Schwellungen sowie als Heilmittel bei Durchfall.
Später im 16. Jahrhundert war, wie aus alten Kräuterbüchern hervorgeht, Portulak eine sehr beliebte und verbreitete Salatpflanze. Bestimmt wird man auch schon vorher einen einfachen Salat aus den Blättern bereitet haben, ohne weitere kulinarische Raffinessen.
Mittelalterliche Überlieferungen berichten aber auch von einem Salat aus Portulak und Lattich in einer Sauce Vinaigrette zu gebratenen Lerchen – sicher ein damals als lecker empfundenes und teures Gericht! Doch Lerchen sind ja heute recht selten geworden und stehen zum Glück nicht mehr auf den Speiseplänen!

...und heute

Portulak, als Gemüse, ist bei uns zur „Randerscheinung“ geworden. Er ist wenig transportfähig und hält sich nicht lange, sodass man frische Ware nur auf Märkten bekommt. Als erfrischend schmeckende Salatpflanze hat er natürlich seine Berechtigung und sollte durchaus häufiger angeboten werden.

Trendpflanze Portulak

Das frische Kraut gilt überall auf der Welt als durstlöschend und kühlend, also angenehm besonders bei hohen Temperaturen. Der Portulak wird deshalb auch gern in den beliebten Smoothies verarbeitet und gibt diesen einen kräftigen Geschmack. In Frankreich, Belgien und den Niederlanden wird Portulak heute noch in größerem Umfang angebaut.
Interessant ist, dass in den 1980er-Jahren die junge aufstrebende Generation in den USA den Portulak als Gemüse- und Trendpflanze entdeckte. Noch im 19. Jahrhundert war dort vom Portulak als einem Unkraut die Rede, „das nur Franzosen oder Schweine fressen und nur dann, wenn sie nichts anderes bekommen". So ist es von W. Storl überliefert.

Tipps zum Anbau im eigenen Garten

Entsprechend seiner Herkunft liebt Portulak sonnige, warme Böden. Im Gegensatz zu den meisten anderen Salatpflanzen kann man das Gießen vernachlässigen, ohne dass es zu Ausfällen kommt.
Die sehr kleinen Samen (0,5 mm bis 1 mm groß) keimen schnell, innerhalb weniger Tage, wenn der Boden warm ist. Unter 10 °C sterben die Keimlinge ab! Als Lichtkeimer sollten die Samen nur ganz wenig mit Erde bedeckt werden. Die Entwicklung der Pflanzen verläuft sehr schnell. Schon nach 4 bis 6 Wochen können die ersten Blätter geerntet werden. Zu empfehlen sind deshalb Aussaaten ins Freiland von Ende Mai bis Anfang August.
Wenn die Blüte einsetzt, wird der Geschmack bitter. Es empfiehlt sich daher, mit Folgesaaten zu arbeiten, um immer frische wohlschmeckende Blätter zu

haben. Im Handel sind verschiedene Sorten erhältlich. Bekannt sind zum Beispiel „Gelber Breitblättriger“ und „Grüner“.

Inhaltsstoffe

Portulak enthält eine Reihe von wertvollen Inhaltsstoffen. Vor allem ist hier die Omega-3-Hepta-Linolsäure zu nennen. Diese ist auch in Lebertran enthalten und hat gute gesundheitliche Wirkungen. Von allen Blattgemüsen hat er den höchsten Gehalt an derartigen Stoffen (350 mg auf 100 g Frischsubstanz). Gleiches gilt für Vitamin-A. Auch der hohe Vitamin-C-Gehalt ist bemerkenswert.

Wegen des speziellen Stoffwechsels ist unter trockenen Kulturbedingungen der Gehalt an Apfelsäure am frühen Morgen übrigens 10mal so hoch wie am Abend. Entsprechend ändert sich natürlich auch der Geschmack!

Nachfolgend einige wichtige Inhaltsstoffe (auf 100 g frische Blätter bezogen):

Der Portulak braucht viel Wärme und bildet dann auch dichte Bestände.

		Tagesbedarf	% des Bedarfs
Energie	27 kcal		
Wasser	89,80 g		
Eiweiß	1,48 g	70 g	
Fett	0,34 g	max. 60 g	
Kohlenhydrate	4,27 g		
Ballaststoffe	2,50 g	30 g	
Vitamine			
Vitamin A	177 µg	800 µg	22,12 %
Beta-Carotin	1,06 mg		
Vitamin B2	100 µg	1,600 mg	6,25 %
Vitamin B3	500 µg	18 mg	2,78 %
Vitamin B5	250 µg	6 mg	4,17 %
Vitamin B6	150 µg	2 mg	7,50 %
Vitamin B9	13 µg	400 µg	3,25 %
gesamte Folsäure	16 µg		
Vitamin C	22 mg	100 mg	22 %
Vitamin E	500 µg	12 mg	4,17 %
Vitamin K	200 µg	70 µg	285,71 %
Mineralstoffe			
Calcium	95 mg	1 g	
Chlor	40 mg	830 mg	
Kalium	390 mg	2 g	
Magnesium	151 mg	300 mg	
Phosphor	35 mg	800 mg	
Spurenelemente			
Eisen	3,60 mg	14 mg	
Kupfer	280 µg	1,5 mg	
Mangan	290 µg	3,5 mg	

Quelle: http://www.naehrwertrechner.de (Portulak frisch)

Rezepte

Portulaksalat

Zutaten
200 g Portulakblätter
10 g Schnittlauch
1 kleine Zehe Knoblauch
Salz
Piment (gemahlen)
Koriander (gemahlen)
Speiseöl

Portulakblätter mit den fein gehackten Kräutern, Gewürzen und dem Öl mischen und servieren.

Die Blätter sind als Anpassung an trockene Standorte fleischig.

Portulakgemüse

Zutaten
200 g Portulak
Salzwasser
1 kleine Zwiebel
15 g Butter
10 g Tomatenmark
20 ml Weißwein
1 kleine Knoblauchzehe
etwas Mehl

Die Portulakblätter mit kochendem Salzwasser kurz überbrühen, mit einem Schöpflöffel herausnehmen, in ein Sieb geben und sofort mit dem Sieb kurz in sehr kaltes Wasser tauchen. Dadurch bleibt die grüne Blattfarbe erhalten.

Anschließend grob hacken. Die gehackte Zwiebel und den gepressten Knoblauch gemeinsam in Butter anschwitzen und mit Tomatenmark ablöschen. Anschließend mit Mehl bestäuben und den Weißwein dazu geben. Den Portulak unterheben und nochmals durchkochen lassen und abschmecken.

Portulakknospen eingelegt

Zutaten
Blütenknospen vom Portulak
Salzwasser
Essig

Die Portulakknospen mit kochendem Salzwasser übergießen, herausnehmen und salzen. In ein gut verschließbares Gefäß geben und mit Gewürzessig oder Apfelessig übergießen. Nach drei Wochen kann man sie wie Kapern verwenden.

Blühender Portulak in Spanien

Quitte *(Cydonia oblonga)*

Herkunft und Kulturgeschichte

Die Quitte stammt aus Mittel- und Ostasien. Bereits im Altertum wurde sie im Mittelmeerraum kultiviert. Überliefert ist zum Beispiel der Anbau in der Stadt Kydonia, dem heutigen Chania, an der Nordküste Kretas. Daraus entstand der Name „Apfel von Kydon". Kaiser Nero (37 v. Chr. bis 68 n. Chr.) erwähnt in seinen „Ökonomischen Büchern" bereits drei Kultursorten der Quitte, der Dichter Plinius (23 n. Chr. bis 79 n. Chr.) sogar fünf.

Nach Deutschland gelangte diese köstliche Obstart durch die Römer. Später empfahl Karl der Große in seiner Landgüterordnung von 794, sie in den Landgütern anzubauen. Auch in die Klostergärten hielt die Quitte damals Einzug. In der Obstgehölzliste des Klosterplanes St. Gallen aus dem Jahr 820 ist sie unter der Bezeichnung *„guduniarius"* aufgeführt. Die geschützten Gärten der Klöster im warmen Süden Deutschlands haben mit Sicherheit gute Ernteergebnisse erbracht!

Obwohl Quitten schon lange bekannt sind und ihr Nutzen medizinisch und kulinarisch unumstritten ist, gerieten sie in Deutschland nach dem Mittelalter für lange Zeit in Vergessenheit.

Das könnte am Klima liegen. Auf die mittelalterliche Warmzeit (von 900 n. Chr. bis etwa 1300) folgte nämlich die sogenannte „Kleine Eiszeit", die mit größeren Temperaturschwankungen bis 1850 anhielt. Diese Entwicklung dürfte der Verbreitung der wärmeliebenden Quitte im Wege gestanden haben.

Aber das Wissen ist zum Glück nicht ganz verloren gegangen. Pfarrgärten spielten seit dem 18. Jahrhundert bei der Ausbreitung des Obstbaus eine große Rolle. Zunächst wirtschaftlich für den Pfarrer notwendig, sind Pfarrgärten heute an vielen Orten ein lebendiges Museum für alte Obstarten und -sorten – dazu gehört natürlich auch die Quitte.

Der deutsche Name „Quitte“ übrigens ist über die Jahrhunderte hinweg als Abwandlung des lateinischen Namens *„qudenaea“* entstanden. In diesem lateinischen Wort, wie auch im heutigen Gattungsnamen *„Cydonia“*, steckt die kretische Stadt „Kydonia“.

Pflanzenbeschreibung und ein wenig Botanik

Die Quitte wächst als Strauch oder kleiner Baum. Im Jahresverlauf fallen zuerst im Mai die schönen, leicht rosa gefärbten Blüten auf. Quitten gehören zu den Rosengewächsen und ihre Blütenform verrät dies auch. Erst im Spätherbst reifen die leuchtend gelben Früchte, die wie Äpfel und Birnen zum „Kernobst“ zählen. Bei ihrem Anblick wird klar, dass die Bezeichnung „quittegelb“ für leuchtend gelbe Dinge zu Recht gebraucht wird.
Auch das leicht behaarte Laub der Quittensträucher ist eine große Zierde im Garten. Im Herbst sind die Blätter sehr schön leuchtend gelb gefärbt.

Die Blüten der Quittensträucher sind groß und sehr zierend.

Die Früchte der Quitte sind je nach Sorte apfel- oder birnenförmig. Nur wenn der Sommer ausreichend warm und sonnig ist, werden die Früchte richtig groß und reif. Je nach Sorte erreichen sie ein Gewicht von bis zu 500 g je Frucht. Man hüte sich aber davor, in die Quitten einfach hinein zu beißen – sie sind sehr hart!

Anfangs sind die Quittenfrüchte stark behaart.

Anbau und Nutzung früher ...

Die zahlreichen Erwähnungen in der alten Literatur zeigen die große Beliebtheit der Quitte schon in vorchristlicher Zeit. Über die Verwendung der Früchte wird einiges überliefert. Neben der Nutzung zu Heilzwecken, vergor man die Früchte zu Wein, bereitete sie mit Honig zu oder kochte Mus daraus. Dass die letztgenannte Zubereitung weit verbreitet und offenbar auch sehr beliebt war, zeigt der portugiesische Name für Quittenmus: „*marmeleiro*". Daraus wurde später die, heute für alle mit Zucker versetzten Fruchtmuse, geltende Bezeichnung „Marmelade" abgeleitet.

Sehr gut schmeckt sicher auch heute noch ein Quittenrezept, das von Konrad von Megenberg um 1350 verfasst wurde: Er empfiehlt, das Kerngehäuse der Quitten zu entfernen, Honig hinein zu geben und die Früchte in heißer Asche zu garen.

Auch für die medizinische Anwendung gibt es sehr frühe Belege: Hippokrates (460 v. Chr. bis 377 v. Chr.) bereitete aus den Samen ein kühlendes und heilendes Mittel zu. Hildegard von Bingen erwähnte die Quitte um 1150 in ihrer „Physica" als Heilmittel. Der bedeutsame italienische Arzt und Botaniker Picto Andrea Matthioli (1500–1577) empfahl den Saft der Quitten wie folgt zu verwenden: *„denen so einen kurtzen Ahen haben er benimmet das Blutspeyen. Diesen Saft behelt man in einem glase vber das gantze Jahr so man ein wenig Oel darüber geust.“ (ins heutige Deutsch übertragen: „wer einen kurzen Atem hat, bei dem verhindert er das Blutspucken. Der Saft hält sich in einem Glas über das ganze Jahr, wenn man ein wenig Öl darüber gießt.“)*

... und heute

Die Quitte spielt bei uns nur eine geringe Rolle im Obstanbau. Sie wird überwiegend von kleineren Gartenbaubetrieben angebaut und dann im Herbst auf Märkten angeboten. Das hängt sicher damit zusammen, dass die Früchte trotz ihrer Härte relativ druckempfindlich sind und dann schnell braune Flecken bilden. Ein Transport über größere Entfernungen entfällt damit. Außerdem ist der Bedarf an Quitten im Vergleich zu Äpfeln oder Birnen wesentlich geringer, weil sie nur in verarbeiteter Form verzehrt werden können.

Ein sehr edles, d. h. schmackhaftes und nur aufwändig zu produzierendes Gelee lässt sich aus Quitten herstellen, wenn man den Saft im Dampfentsafter gewinnt und danach mit Gelierzucker weiter verarbeitet.

Beliebt ist auch die Zugabe von Quitten beim Pressen von Äpfeln und Birnen. Der Saft hat dann ein sehr gutes Aroma. Die heute vielfach anzutreffenden mobilen Saftpressen ermöglichen es, die eigenen Äpfel und Birnen, aber auch die Quitten, auf diese bequeme Weise verarbeiten zu lassen. Allerdings werden die Quitten immer erst zum Schluss gepresst, weil ihr Geschmack sehr dominant ist und den der nachfolgenden Apfel-/Birnensäfte beeinflusst. Wer reinen Apfelsaft haben möchte, wäre dann enttäuscht.

Auch zur Herstellung von Obstbränden wird die Quitte mit ihrem ausgeprägten Aroma gern verwendet. Die einzelnen Sorten sind dafür unterschiedlich geeignet.

Noch ein Tipp zum Schluss: Reife Quittenfrüchte verströmen einen herrlichen Duft. Besser als mit jedem künstlichen Aroma und ohne Allergierisiko, bringt schon eine einzelne Quitte eine wunderbare Note in den Wäscheschrank! Hierfür eignen sich übrigens auch sehr gut die ähnlichen Früchte der Japanischen Scheinquitte *(Chaenomeles spec.)*.

Tipps zum Anbau im eigenen Garten

Um gut zu wachsen und zu reifen, benötigen die Quitten einen warmen und sonnigen Standort, möglichst etwas geschützt. Ausreichend sommerliche Wärme sorgt für große, gelbe und damit gut ausgereifte Früchte. In sehr kalten Wintern (minus 15 °C bis minus 20 °C) kann es zu Frostschäden am Holz kommen. Die Pflanzen erholen sich in den folgenden Jahren aber wieder. Die Pflege macht nicht viel Arbeit. Nach etlichen Jahren Standzeit sollten die ältesten Äste herausgenommen werden, um neuen Wuchs anzuregen. Im Herbst biegen sich die Äste durch das Fruchtgewicht weit nach unten. Daher ist es bei Sträuchern ratsam, die untersten Äste zu entfernen. Geerntet wird je nach Sorte von Ende September bis Ende Oktober.

Der Anbau am Spalier bringt durch die größere Wärme besonders aromatische Früchte hervor.

Die erntereifen Früche zeigen das typische Gelb, sie sind aber unverarbeitet steinhart

Frost sollten die Früchte jedoch nicht bekommen. Da Quitten ihre mediterrane Herkunft nicht verleugnen können, ist eine Frühjahrspflanzung sicherer. Frisch gepflanzt und noch nicht richtig eingewurzelt sind sie empfindlich gegen Winterkälte und Trockenheit.

Das beste Aroma liefern in der Regel die Apfelquitten. Birnenquitten wiederum, haben den Vorteil, nicht so anspruchsvoll bezüglich des Klimas und saftiger zu sein. Allerdings besitzen sie auch mehr Steinzellen in ihrem Fruchtfleisch.

Am langlebigsten ist die Quitte als Strauch. Doch auch als kleiner Baum wird sie gern gepflanzt. Er benötigt nicht so viel Platz in den meist kleiner gewordenen Gärten. Bekannte Sorten sind: „Konstantinopler Apfelquitte“, „Portugiesische Birnenquitte“, „Vranja“ (Birnenquitte). Regionale Baumschulen haben oft noch andere, besser den konkreten Verhältnissen angepasste Sorten im Angebot.

Als Strauch gezogen ist die Quitte auch ein schöner Blickfang im Garten.

Inhaltsstoffe

Es ist heute erwiesen, dass der Schleim der gekochten Quittensamen und Quitten reizmildernd wirkt. Er hilft bei Entzündungen der Atemwege und des Magen-Darm-Traktes. Er wird daher innerlich zum Gurgeln und Trinken sowie äußerlich als Wundheilmittel verwendet.

Nachfolgend einige wichtige Inhaltsstoffe (auf 100 g frische Früchte bezogen):

		Tagesbedarf	% des Bedarfs
Energie	39 kcal		
Wasser	84,65 g		
Eiweiß	0,40 g	70 g	
Fett	0,50 g	max. 60 g	
Kohlenhydrate	7,32 g		
Ballaststoffe	5,80 g	30 g	
Vitamine			
Beta-Carotin	35 µg		
Vitamin C	13 mg	100 mg	13 %
Vitamin E	400 µg	12 mg	3,33 %
Mineralstoffe			
Kalium	200 mg	2 g	
Magnesium	8 mg	300 mg	
Spurenelemente			
Kupfer	130 µg	1,5 mg	

Quelle: http://www.naehrwertrechner.de (Quitte frisch)

Rezepte

Quittenbrot

Zutaten
800 g Quitten ohne Kerngehäuse, ggf. noch vorhandene pelzige Schale abwaschen; Schälen ist nicht nötig.
200 ml Wasser oder Apfelsaft
500 g Gelierzucker 2:1
175 g Zucker
1 Päckchen Zitronat (gerieben oder in Stücken)
1 Päckchen Orangeat (gerieben oder in Stücken)

Quitten im Wasser oder Apfelsaft weich kochen, Orangeat und Zitronat hinzugeben, anschließend pürieren. Den gesamten Zucker hinzu geben und nach den Anweisungen auf der Packung des Gelierzuckers (meist 4 Minuten – dann ist auch Zitronat gut durchgekocht) aufkochen.

Backpapier auf ein Kuchenblech legen, Quittenmasse 1 bis 1,5 cm dick darauf streichen. Nach ca. 2 bis

Mit dem Quittenbrot lässt sich das köstliche Aroma bis in den Winter hinein genießen.

3 Tagen neues Backpapier auslegen und die Quittenmasse unter Wenden darauf legen (statt des Kuchenbleches kann auch ein Holzbrett verwendet werden). Ca. 4 Wochen trocknen lassen, dazwischen immer wieder wenden. Nach dem Trocknen in kleine Stücke schneiden und in Dosen oder Gläsern aufbewahren.

Quittengelee, Quittenmarmelade

Den beim Entsaften gewonnenen Saft mit Gelierzucker 2:1 nach Anleitung zu Gelee verarbeiten.
Schmackhaft sind auch Mischmarmeladen, z. B. mit Äpfeln. Dafür kann das beim Entsaften entstandene Quittenmark genutzt werden.

Quitten bringen regelmäßig gute Ernteerträge.

Quittenkompott

Die Quitten werden geschält und nach Entfernen des Kerngehäuses in kleine Stücke geschnitten. Wasser und Zucker werden je nach Geschmack hinzu gegeben und aufgekocht. Das Kompott kann durch Zugabe von geraspeltem Ingwer oder auch Birnenstücken verfeinert werden.

Rote Bete, Rote Rübe

(Beta vulgaris subsp. vulgaris var. conditiva)

Herkunft und Kulturgeschichte

Wie der Mangold ist auch die Rote Bete eine uralte Auslese aus der Wilden Rübe. Quellen aus dem antiken Griechenland und Rom lassen eine genaue Trennung beider Gemüse nur begrenzt zu. Auch die Samen sind einander so ähnlich, dass selbst archäologische Funde aus der Römerzeit keine Rückschlüsse auf die eine oder andere Art zulassen.

Da andererseits schon aus dem 4. Jahrhundert v. Chr. berichtet wird, dass die Rote Rübe besser schmecke als die weiße, muss es damals neben dem Mangold auch die Rüben gegeben haben, sogar in mehreren Farben.

Wenn also in den alten, uns zur Verfügung stehenden, Pflanzenlisten, wie der Landgüterordnung, der Name *„betas"* auftaucht, kann sowohl der Mangold als auch die Rote Bete gemeint sein. Der Name lässt jedenfalls beide Deutungen offen.

Erst in den bebilderten Kräuterbüchern, die im 16. Jahrhundert aufkamen, lassen sich beide Arten klar voneinander unterscheiden.

Pflanzenbeschreibung und ein wenig Botanik

Die Rote Rübe ist wie der Mangold eine zweijährige Pflanze. Die Rübe als Speicherorgan entsteht aus dem verdickten Spross unter den Keimblättern, dem *„Hypokotyl"*. Sie wächst deshalb weitgehend oberirdisch.

Rote Beete, angeboten auf dem Markt

Die Blattbildung ist deutlich schwächer als beim Mangold. Der Blütenstand entwickelt sich im 2. Jahr und kann bis zu 1,5 m hoch werden.

Anbau und Nutzung früher ...

Die Rote Rübe ist seit langem bekannt. So können wir davon ausgehen, dass trotz der fehlenden Abgrenzung vom Mangold auch schon in den mittelalterlichen Klostergärten die Rüben bildenden Formen angebaut worden sind. Nicht zuletzt spricht auch die Lagerfähigkeit der Rüben dafür, dass diese, um den Winterbedarf zu decken, in den Klöstern angebaut wurden.

Bereits in der alten Heilkunde galt die Rote Rübe als blutbildend. Das ist inzwischen auch durch die moderne Medizin bestätigt worden. Experimente zeigten, dass der Saft von Roten Rüben die Regeneration und Vermehrung von roten Blutkörperchen unterstützt.

Der Anbau der Roten Bete fand aber erst im 16. und 17. Jahrhundert weite Verbreitung in der Bevölkerung.

... und heute

Nach wie vor ist Rote Bete ein wichtiges Gemüse. In Osteuropa werden sie in vielerlei Form eingelegt, vor allem sauer. Auch im Borschtsch (борщ), einem ursprünglich ukrainischen Eintopf, gehört die Rote Bete unbedingt dazu. Dieses Gericht ist in anderen mittel- und osteuropäischen Ländern wie Russland, Polen, Litauen, Rumänien oder Moldavien ebenfalls weit verbreitet.

In vielen Regionen spielt der Verzehr als Salat (roh oder gekocht) und als Beilage eine große Rolle. Auch Konserven mit eingelegten Roten Rüben sind im Handel zu finden. Für den Anbau im Garten gibt es heute eine Reihe von Sorten mit unterschiedlicher Rübenform und -farbe, darunter auch sehr schöne rot-weiß gefärbte.

Tipps zum Anbau im eigenen Garten

Die Rote Bete ist relativ einfach zu kultivieren. Die Aussaat erfolgt im April/ Mai direkt auf ein vorbereitetes Beet. Wenn es zu kalt ist, lässt sich auch ohne Probleme eine Vorkultur im kalten Gewächshaus oder Frühbeet durchführen. Die Pflanzen werden dann bei entsprechender Größe ins Freiland gepflanzt. Eine frühere Aussaat ist nicht zu empfehlen, da die Pflanzen nach längerer Kälteeinwirkung schon im ersten Jahr blühen könnten. Man nennt das auch „Schossen".

Ein Reihenabstand von 25 cm bis 30 cm ist zu empfehlen. Innerhalb der Reihe genügen 8 cm bis 10 cm Abstand zwischen den Pflanzen.

Die Rote Bete ist anspruchslos. Sie muss nicht besonders stark gedüngt werden.

Die Rüben können schon vor dem Erreichen ihrer sortentypischen Größe geerntet werden. Es ist aber auch möglich, sie bis zum Herbst im Beet zu lassen und erst im Oktober, spätestens jedoch vor dem Eintritt von Frösten, zu ernten.

Wer über einen kühlen Keller verfügt, kann die geernteten Rüben in Sand eingeschlagen sehr lange, mindestens bis ins Frühjahr hinein, lagern. Unbedingt zu beachten ist, dass die Rüben bei der Ernte nicht verletzt werden, sonst verlieren sie Saft und verderben.

Es gibt heute Sorten mit verschiedenen Farben wie: „Ägyptische Plattrunde" (dunkelrot, seit 1868 im Handel), „Rote Kugel" (rot), „Tonda di Chioggia" (im Querschnitt rot-weiß geringelt), „Burpee's Golden" (gelb) oder „Albina Veredura" (weiß).

Inhaltsstoffe

Fast alle Sorten der Roten Bete enthalten relativ viel Zucker und schmecken darum süß. So ist es kein Wunder, dass später, im 18. Jahrhundert, aus der nahe verwandten Futter- oder Runkelrübe die heutige Zuckerrübe gezüchtet werden konnte. Der rote Farbstoff (Betanin) ist nicht wasserlöslich. Er wird wegen seiner Stabilität auch als Lebensmittelfarbstoff eingesetzt. Wie stabil der Farbstoff ist, weiß jeder, der schon einmal Flecken von Roten Rüben aus Tischdecken entfernen wollte! Die Passage durch den Darm wird unverändert überstanden. Auch der Urin kann bei manchen Menschen nach dem Verzehr von Roten Beten rot gefärbt sein!

Erntereife Rote Bete

Für den etwas erdigen Geschmack der Roten Bete ist übrigens das „*Geosmin*“ verantwortlich. Dies ist ein von Bodenbakterien gebildeter Stoff, dessen Geruch man schon in geringsten Mengen wahrnimmt. Die Geruchsschwelle für Geosmin liegt bei 0,1 ppb (engl. parts per billion). Das bedeutet 1 Teilchen auf 10 Milliarden Teilchen. Geosmin geht beim Schälen in die Rübe über, da schon der Kontakt des Schälmessers sowohl mit der Schale als auch mit dem Inneren der Rübe zum Übertragen des Geosmin ausreicht.

Nachfolgend weitere wichtige Inhaltsstoffe (auf 100 g frische Rübe bezogen):

		Tagesbedarf	% des Bedarfs
Energie	42 kcal		
Wasser	86,26 g		
Eiweiß	1,53 g	70 g	
Fett	0,10 g	max. 60 g	
Kohlenhydrate	8,38 g		
Ballaststoffe	2,50 g	30 g	
Vitamine			
Beta-Carotin	11 µg		
Vitamin B2	42 µg	1,6 mg	2,62 %
Vitamin B5	130 µg	6 mg	2,17 %
Vitamin B6	50 µg	2 mg	2,50 %
Vitamin B9	75 µg	400 µg	18,75 %
gesamte Folsäure	93 µg		
Vitamin C	10 mg	100 mg	10 %
Vitamin E	894 µg	12 mg	7,45 %
Vitamin K	5 µg	70 µg	7,14 %
Mineralstoffe			
Calcium	29 mg	1 g	
Chlor	82 mg	830 mg	
Kalium	336 mg	2 g	
Magnesium	25 mg	300 mg	
Natrium	58 mg	550 mg	
Phosphor	45 mg	800 mg	
Spurenelemente			
Kupfer	80 µg	1,5 mg	
Mangan	155 µg	3,5 mg	

Quelle: http://www.naehrwertrechner.de (Rote Rübe frisch)

Rezepte

Rote-Bete-Salat

Zutaten
1 mittelgroße Rote Bete
1 mittelgroße Zwiebel
2–3 Äpfel (je nach Größe)
3–4 mittelgroße Gewürzgurken oder Salzgurken
Saft einer Zitrone
3 Esslöffel Speiseöl
Salz

Die Rote Bete waschen, dabei keinesfalls die Schale beschädigen, und weich kochen (es dauert 2 bis 3 Stunden, bis sie weich ist, im Schnellkochtopf ca. 1 Stunde). Die Rote Bete aus dem Wasser nehmen und etwas auskühlen lassen, anschließend schälen und kleinschneiden. Die Zwiebeln und Äpfel schälen und von den Äpfeln das Kerngehäuse entfernen. Danach kleinschneiden, ebenso die Gewürzgurken. Anschließend mit den schon vorbereiteten Roten Beten vermengen. Den Zitronensaft und das Öl hinzugeben und nochmals durchmischen. Zuletzt mit Salz abschmecken und 2 bis 3 Stunden durchziehen lassen. Alternativ kann die Rote Bete auch roh verwendet werden. Dazu wird sie geschält und geraspelt.

Rote Bete kann sowohl roh als auch gekocht zu leckeren Salaten verarbeitet werden.

Einlegen in Essig

(Beilage zu kräftigem Braten oder Salaten)

Zutaten

Rote Beten
Weinessig
Meerrettich (frische Wurzeln)
Kümmelkörner
1 Prise Zucker

Die Roten Beten waschen und weich kochen (2 bis 3 Stunden, im Schnellkochtopf 1 Stunde). Den Sud aufheben und auskühlen lassen. Währenddessen den Essig aufkochen und auskühlen lassen. Die Roten Beten schälen und in Scheiben schneiden. In einem Steintopf abwechselnd die in Streifen geschnittenen Meerrettichwurzeln und Kümmelkörner schichten. Den erkalteten Essig im Verhältnis 2:1 mit dem kalten Rote-Bete-Sud mischen. Eine Prise Zucker zugeben und auf die Rote-Bete-Scheiben gießen, bis diese bedeckt sind. Anschließend 2 bis 3 Wochen stehen lassen.

Gemüsebeilage

(für kräftig schmeckendes Fleisch)

Zutaten

1 kg Rote Beten
1 gehäufter Esslöffel Mehl
2 Esslöffel Butter oder Margarine
¼ l Saure Sahne
etwas Milch
4 Gewürzkörner (Piment)
6 Pfefferkörner
1 Lorbeerblatt
2–3 Esslöffel Weinessig

Die Roten Beten weich kochen (2 bis 3 Stunden, im Schnellkochtopf 1 Stunde), schälen und grob hacken. Butter bzw. Margarine zerlassen, Mehl hinzugeben, bräunen lassen, saure Sahne hinzugeben und eventuell etwas Milch, falls die Masse zu dick wird. Gewürzkörner, Pfefferkörner und Lorbeerblatt hinzufügen und ½ Stunde kochen lassen. Die Gewürze danach entfernen. Die Sauce mit den Roten Beten vermischen, mit Essig abschmecken, noch einmal aufkochen.

Ackerbohne, Saubohne (*Vicia faba*)

Herkunft und Kulturgeschichte

Die Ackerbohne gehört zu den uralten Kulturpflanzen der Menschheit. Die ältesten Samenfunde stammen aus Nazareth, im heutigen Israel, aus der Zeit um 6000 v. Chr. Kein Wunder, dass sie in der Bibel an mehreren Stellen erwähnt wird. Auch in Deutschland wurden sie schon früh kultiviert. In Süddeutschland und im Raum Leipzig/Halle gefundene Bohnen stammen aus der Zeit zwischen 1200 und 700 v. Chr. Bis zur Zeitenwende verbreitete sich der Anbau über das ganze Gebiet des heutigen Deutschlands, wobei sich bis etwa 300 n. Chr. ein Anbauschwerpunkt im Bereich der Nordseeküste herausbildete. In Zitz, im Landkreis Brandenburg, wurden in einer Erdgrube 10 Liter verkohlte Bohnen aus der Bronzezeit gefunden. An diesem Fund war deutlich zu erkennen, dass die damaligen Bohnen mit 10 mm Länge noch lange nicht die Größe der heutigen Ackerbohnen erreichten.

Da die Ackerbohne ein wichtiges Nahrungsmittel darstellte, ist sie auch in der Landgüterordnung Karls des Großen als *„fabas maiores"* enthalten.

Die weite Verbreitung dieser eiweißreichen Hülsenfrucht bezeugen auch seit langem bekannte Redewendungen wie „dumm wie Bohnenstroh" oder „keine Bohne wert".

Den Namen „Puffbohne" bekam die Ackerbohne im Erfurter Raum, wo wegen der Klima- und Bodenverhältnisse besonders große „ausgepuffte" Bohnen wuchsen.

Die heute bei uns häufig angebauten Gartenbohnen *(Phaseolus vulgaris)* stammen wie die Feuerbohnen *(Phaseolus coccineus)* aus Amerika und sind erst im frühen 16. Jahrhundert nach Europa gelangt. Die in alten Schriften, wie dem Gartengedicht von Walahfrid Strabo, als *„faseolus"* bezeichnete Bohne war die Kuhbohne *(Vigna unguiculata)*. Ebenfalls bekannt war damals die Helmbohne *(Lablab purpurea)*. Beide Arten stammen aus den Tropen/

Rot blühende Ackerbohne, die meisten Sorten blühen jedoch weiß.

Subtropen und benötigen mehr Wärme, um sich zu entwickeln. Sie werden daher in Deutschland nicht mehr als Nahrungsmittel angebaut.

Pflanzenbeschreibung und ein wenig Botanik

Die Ackerbohne ist eine einjährige Pflanze. Sie wächst kräftig und bildet bis zu 80 cm hohe Pflanzen – auch höher wachsende Sorten sind bekannt. Typisch sind die bläulich bereiften Blätter. Die schönen weißen, bei manchen Sorten auch roten Blüten, stehen zu mehreren in den Blattachseln. Aus ihnen entwickeln sich später die Hülsen. Hinsichtlich der Wuchsformen und Wuchshöhen gibt es eine große Vielfalt. Wie bei den meisten Arten aus der Familie der Schmetterlingsblütengewächse *(Fabaceae)*, leben an den Wurzeln der Pflanzen Knöllchenbakterien. Sie sammeln Stickstoff aus der Luft und stellen ihn der Pflanze zur Verfügung. Die Wurzeln gehen sehr tief (bis 1 m).

Anbau und Nutzung früher ...

Die Ackerbohne spielte wegen ihrer guten Erträge und der nahrhaften, eiweißreichen Bohnen schon lange eine große Rolle für die menschliche Ernährung. Mit der Einführung der Gartenbohnen im 16. Jahrhundert wurde sie aber zunehmend aus der Küche verdrängt. Sie diente lange Zeit nur noch als Viehfutter (daher „Pferde"- oder „Sau"bohne). Erst Ende des 19./Anfang des 20. Jahrhunderts wurde sie wieder verstärkt als Nahrungsmittel für den Menschen entdeckt.

Im alten Griechenland und später bei den Römern hatte sich ein vielfältiges Brauchtum um die Bohne entwickelt. Die Griechen hatten sogar einen eigenen Bohnengott.
Nach der Einführung der Gartenbohne wurden die Bräuche einfach auf die „neue" Bohne übertragen. Ein Brauch aus unserem Kulturkreis war zum Beispiel die Wahl des Bohnenkönigs in der Fastnachtszeit.
Bohnen galten auch als Fastenspeise. Mit ihrem Eiweißgehalt konnten sie gut das in diesen Zeiten verbotene Fleisch ersetzen.

... und heute

Nach wie vor ist die Ackerbohne eine wichtige Futterpflanze. Zu diesem Zweck werden kleinkörnige Sorten großflächig angebaut. Die Ackerbohne kann bei der Tierfütterung einen Teil des Sojaschrots, das bekanntlich importiert werden muss, ersetzen.
Die tiefe Durchwurzelung des Bodens sowie die Symbiose mit den Knöllchenbakterien verbessern darüber hinaus nachhaltig den Boden und lockern ihn auf. Wichtige Anbaugebiete sind: Norddeutschland, Belgien, die Niederlande und England. Hier werden ihre Ansprüche an den Boden und das Klima am besten erfüllt.
Als Gartenpflanze ist sie weniger verbreitet. Besonders im Rheinland werden die Schoten auch als frisches Gemüse auf Märkten angeboten. Dafür eignen sich die großkörnigen Sorten am besten. Gegessen werden die großen, noch nicht trockenen Samen („Dicke Bohnen").
Die Samen lassen sich, wie die von anderen Hülsenfrüchten, auch trocknen. Sie werden dann zum Beispiel in Eintöpfen verarbeitet.

Tipps zum Anbau im eigenen Garten

Die Ackerbohnen sind relativ robust. Sie lassen sich im Garten schon Ende Februar/Anfang März legen. Die großen Samen sollten zu zweit 6 cm bis 8 cm tief in die Erde gelegt werden. Die jungen Pflanzen vertragen Frost bis etwa -5 °C. Besonders gut gedeihen die Ackerbohnen auf schweren Böden mit ausreichender Feuchtigkeit. Trockene Sandböden sind für den Anbau weniger geeignet. Auf jeden Fall muss auf solchen Standorten, um einen guten Ertrag zu erzielen, mehr gewässert werden.

Bei früher Aussaat können die ersten Bohnen ab Ende Juni geerntet werden. Insgesamt ist die Vegetationsdauer länger als etwa bei Gartenbohnen oder Erbsen. Für die Eigenversorgung empfiehlt sich eine zeitlich versetzte Aussaat, damit lässt sich die Ernteperiode strecken.

Inhaltsstoffe

Die Ackerbohnen zählen zusammen mit den anderen Hülsenfrüchten zu den proteinreichsten Lebensmitteln aus pflanzlicher Herkunft. Beachtlich ist auch der Gehalt an Vitaminen des B-Komplexes.

Nachfolgend weitere wichtige Inhaltsstoffe (auf 100 g frische reife Körner bezogen):

		Tagesbedarf	% des Bedarfs
Energie	234 kcal		
Wasser	10,85 g		
Eiweiß	26,10 g	70 g	
Fett	1,80 g	max. 60 g	
Kohlenhydrate	27,30 g		
Ballaststoffe	27,60 g	30 g	
	Vitamine		
Beta-Carotin	38 µg		
Vitamin B1	500 µg	1,4 mg	35,71 %
Vitamin B2	260 µg	1,6 mg	16,25 %
Vitamin B3	2,6 mg	1,8 mg	14,44 %
Vitamin B5	970 µg	6 mg	16,17 %
Vitamin B6	370 µg	2 mg	18,50 %

		Tagesbedarf	% des Bedarfs
Vitamin B7	7 µg	100 µg	7,00 %
Vitamin B9	17 µg	400 µg	4,25 %
gesamte Folsäure	75 µg		
Vitamin C	1,4 mg	100 mg	1,40 %
Vitamin E	270 µg	12 mg	2,25 %
Vitamin K	181 µg	70 µg	258,57 %
	Mineralstoffe		
Calcium	100 mg	1 g	
Chlor	81 mg	830 mg	
Kalium	1,09 g	2 g	
Magnesium	190 mg	300 mg	
Phosphor	421 mg	800 mg	
Schwefel	140 mg		
	Spurenelemente		
Eisen	5,50 mg	14 mg	
Jod	15 µg	150 µg	
Kupfer	820 µg	1,5 mg	
Mangan	1,6 mg	3,5 mg	
Zink	3,10 mg	15 mg	
	Sonstiges		
Essentielle Aminosäuren (Summe)	12,032 g		
Nichtessentielle Aminosäuren (Summe)	11,197 g		
Pflanzliches Eiweiß	26,1 g		

Quelle: http://www.naehrwertrechner.de (Bohnen dick [Saubohnen] reif frisch)

Rezepte

Gemüsebeilage

Zutaten
2 kg noch nicht ausgereifte Bohnenkerne
125 g Räucherspeck
50 g Butter
50 g Mehl
Petersilie
Bohnenkraut
Salz, Pfeffer, Zucker

Die Bohnenkerne einige Minuten in Salzwasser kochen und abgießen. Den klein gewürfelten Speck ausbraten. Die Butter hinzugeben und schmelzen lassen. Danach das Mehl hinein geben und bräunen lassen (Mehlschwitze). Kochendes Wasser hinzugeben, verrühren, die Bohnen hineinschütten und weich kochen. Anschließend mit Salz und Pfeffer, klein gehackter Petersilie, Bohnenkraut und Zucker abschmecken.

Die Ackerbohnen sind deutlich größer als die Gartenbohnen.

Die Bohnenkerne lassen sich wie die üblichen Trockenbohnen aus der Gartenbohne zu Beilagen verarbeiten.

Gemüsebeilage süßsauer

Zutaten
2 kg noch nicht ausgereifte Bohnenkerne
125 g Speck
50 g Butter
50 g Mehl
Petersilie
Salz, Pfeffer
Essig
Zucker

Den Speck in Wasser halbweich kochen. Die gebrühten Bohnen dazugeben und zusammen weich kochen. In einem zweiten Gefäß Butter zerlassen, Mehl hinzugeben und bräunen (Mehlschwitze). Anschließend zu den Bohnen geben und damit die Suppe sämig machen. Mit Salz, Pfeffer und klein gehackter Petersilie würzen und mit Essig und Zucker abschmecken.

Puffbohnenbrei

Zutaten
Puffbohnen (Trockenbohnen)
Salz, Pfeffer
Butter
Geröstete Zwiebeln

Die Bohnen weich kochen, durch ein Sieb streichen, Butter und so viel Brühe hinzufügen, bis die gewünschte Konsistenz erreicht wird. Mit Salz und Pfeffer würzen und auf den angerichteten Brei geröstete Zwiebeln geben.

Puffbohnensuppe

Tipp: Aus dem Puffbohnenbrei lässt sich eine Suppe zubereiten, indem dieser nach Bedarf weiter verdünnt wird.

Es gibt auch braunschalige Sorten der Ackerbohne.

Walnuss *(Juglans regia)*

Herkunft und Kulturgeschichte

Die Walnuss zählt zu unseren bekanntesten Nüssen. Warum heißen sie im Deutschen so? Das hat mit ihrer Herkunft zu tun. In das germanische Siedlungsgebiet gelangten die Walnüsse auf dem Umweg über die Gebiete des heutigen Frankreich (für die Germanen damals „Welschland"), und so hießen sie zunächst „Welsche Nuss", bis daraus schließlich das Wort „Walnuss" wurde. Vorher hatten sie bereits eine weite Reise hinter sich. Vom Balkan und aus Vorderasien stammend, wo ihre Früchte seit 9000 Jahren genutzt wurden, verbreitete sich der Anbau über Griechenland bis nach Sizilien. Dort war die Walnuss schon im 4. Jahrhundert v. Chr. bekannt. Danach war der Weg nach Mitteleuropa gar nicht mehr so weit. Im 2. Jahrhundert n. Chr. war sie bereits an Rhein und Mosel anzutreffen.

Schon im Altertum war die Walnuss ein Symbol der Fruchtbarkeit. Sie fand auch bei uns Eingang in das Brauchtum des Volkes. So wurde nach der Geburt eines Kindes oft ein Nussbaum auf den Hof oder vor das Haus gepflanzt. Der Brauch, zum Nikolaustag Walnüsse zu verschenken, geht übrigens auf die Vorstellung zurück, dass die Nüsse Wohlstand bringen.

Nicht zuletzt sind auch die Nüsse in den Märchen in der Regel Walnüsse, es sei denn, es handelt sich um „3 Haselnüsse für Aschenbrödel". Beispiele dafür sind „Die beiden Königskinder" und „Allerleirauh", beides Märchen der Gebrüder Grimm und „Däumelinchen", ein Kunstmärchen von Hans Christian Andersen.

Pflanzenbeschreibung und ein wenig Botanik

Der Walnussbaum ist eine stattliche Erscheinung. Er kann ein Alter von 150 bis 160 Jahren erreichen. Die gefiederten Blätter werden bis zu 30 cm lang.

Die Nüsse wachsen in einer schützenden grünen Hülle heran.

Erst zur Reifezeit platzt die Hülle auf, die Nüsse werden sichtbar und fallen vom Baum.

Er gehört zur Familie der Walnussgewächse *(Juglandaceae)*.

Die männlichen Blüten erscheinen schon vor den weiblichen. Sie besitzen eine Kätzchenform. Die weiblichen Blüten, aus denen sich die Nüsse entwickeln, sind dagegen recht unscheinbar. Die Bestäubung erfolgt durch den Wind.

In ungünstigen Lagen können Spätfröste die Blüten zum Absterben bringen. Das setzt dem Anbau ebenso Grenzen wie die für die Ausreife der Nüsse notwendige Sommerwärme.

Die Nüsse entwickeln sich in einer grünen, fleischigen Hülle. Zur Reifezeit platzt diese auf und die Nüsse fallen zu Boden.

Anbau und Nutzung früher ...

Von jeher waren die Nüsse das Hauptziel des Anbaus.

Sie schmecken gut, lassen sich zu leckeren Speisen verarbeiten und darüber hinaus sind sie gut lagerfähig und sehr nahrhaft. Als es noch keinen weltweiten Handel und Kühlschränke gab, konnte so etwas über Leben und Tod entscheiden! Kein Wunder also, dass sie im

Klosterplan von St. Gallen und der Landgüterordnung Karls des Großen genannt werden. Im Mittelalter spielte auch die medizinische Anwendung eine große Rolle.

Darüber hinaus ergab zum Beispiel die grüne Fruchtschale ein beständiges, schwarz-braunes Färbemittel. Wer mit grünen Walnüssen hantiert, weiß um diese Beständigkeit!

Die Frostempfindlichkeit der Bäume führte im Norden Deutschlands in den harten Wintern der 1920er-Jahre zum Absterben vieler Nussbäume. Deshalb wurde danach zum Beispiel in der Region Barth/Vorpommern verfügt, dass wieder verstärkt Nussbäume angepflanzt werden sollten. Noch heute finden sich Exemplare aus dieser Zeit in Pfarrgärten und Gutsgärten der Region.

... und heute

Die Walnuss erfreut sich immer noch großer Beliebtheit. Im Jahr 2011 wurden weltweit ca. 3,5 Millionen (!) Tonnen produziert – hauptsächlich in China, dem Iran, den USA, der Türkei und der Ukraine. Die Produktion ist seit dem Jahr 1961 fast um das Siebenfache gestiegen. Da der Anbau stark

Die getrockneten Nüsse sind gut haltbar und eine Köstlichkeit in der Herbst- und Winterzeit.

von den klimatischen Verhältnissen abhängig ist, gehört Deutschland nicht zu den großen Nussproduzenten.

Neben den Nüssen, die vielfältig verarbeitet werden, spielt auch die grüne Schale eine wichtige Rolle – als Bestandteil zum Beispiel des „Tiroler Nussöls", einem Sonnenöl, hilft sie, blasse Haut zu bräunen.

Das Holz des Nussbaums wird bis heute sehr geschätzt. Da es nur begrenzt verfügbar ist, wird es vor allem für besonders edle Werkstücke und als Furnier verwendet.

Tipps zum Anbau im eigenen Garten

Der Walnussbaum wird sehr groß. Wer nur einen kleinen Garten hat, sollte auf ihn verzichten. Allen anderen ist er sehr zu empfehlen. Er spendet nicht nur Schatten, sondern hält auch Insekten auf Abstand. Dafür sind ätherische Öle verantwortlich.

Alte Walnussbäume entwickeln im Freistand eine große Krone und werden daher gern als Hausbaum gepflanzt. Hier am Weingut Radewitz im Elbegebiet.

Es dauert 10 Jahre und länger, bis ein aus Samen gezogener Baum Früchte trägt. Bei veredelten Pflanzen aus der Baumschule geht es etwas schneller. Walnussbäume bevorzugen tiefgründige, nährstoff- und kalkreiche Lehm- und Tonböden.

Es gibt verschiedene Sorten mit unterschiedlichen Eigenschaften. Die folgenden Sorten sind selbstfruchtbar, können also auch Nüsse ansetzen, ohne dass in der Nachbarschaft weitere Nussbäume stehen müssen, die für die Bestäubung notwendig wären.

„Seifersdorfer Runde", „Rote Donaunuss" (rote Kernhaut – sehr dekorativ! Die Nussschale ist hellbraun wie bei anderen Sorten auch), „Spreewälder Walnuss"

Wer keine veredelten Bäume kaufen möchte, kann den Baum natürlich auch selbst aus Samen ziehen. Die Nüsse entsprechen nicht in allen Eigenschaften denen des Mutterbaumes. Aber wer sagt denn, dass diese deshalb schlechter sein müssen! Lassen Sie sich überraschen!

Bei der Pflege ist zu beachten, dass der Schnitt, sofern erforderlich, möglichst im Spätsommer durchgeführt wird. Dann verheilen die Schnittwunden besser und der Baum „blutet" nicht so lange.

Unter einem Walnussbaum wachsen andere Pflanzen allerdings nur schlecht. Die Walnussblätter enthalten Stoffe (Juglon, Gerbstoffe), die Keimung und Wachstum anderer Pflanzen hemmen. Es liegt also nicht allein am Schatten, wenn unter dem Baum nichts wächst! Abhilfe schafft das regelmäßige Entfernen des Falllaubs unter dem Baum.

Ganz wichtig: Die Nüsse immer luftig lagern, erst einmal gründlich trocknen und dann in luftdurchlässigen Säckchen aufbewahren, die auch Lebensmittelmotten abhalten. Sie halten sich 1 bis 2 Jahre, danach werden sie ranzig. Bei Lagerung in dicht verschlossenen Behältern schimmeln die Nüsse!

Die „vergoldeten" Nüsse sind ein schöner natürlicher Schmuck für den Weihnachtsbaum.

Inhaltsstoffe

Die Nüsse haben einen hohen Fettanteil, enthalten viel Eiweiß und Mineralstoffe. Besonders wertvoll ist ihr hoher Gehalt an Linolensäure. Die getrockneten Blätter und Fruchtschalen enthalten viele Gerbstoffe. Sie werden deshalb auch heute noch bei Hautleiden, in Form von Aufgüssen, angewendet.

Nachfolgend einige wichtige Inhaltsstoffe (auf 100 g Nüsse bezogen):

		Tagesbedarf	**% des Bedarfs**
Energie	654 kcal		
Wasser	4,38 g		
Eiweiß	14,40 g	70 g	
Fett	62,50 g	max. 60 g	
Kohlenhydrate	10,60 g		
Ballaststoffe	6,14 g	30 g	
Vitamine			
Vitamin B1	340 µg	1,4 mg	24,29 %
Vitamin B2	120 µg	1,6 mg	7,50 %
Vitamin B3	1 mg	18 mg	5,56 %
Vitamin B5	820 µg	6 mg	13,67 %
Vitamin B6	870 µg	2 mg	43,50 %

		Tagesbedarf	% des Bedarfs
Vitamin B7	19 µg	100 µg	19,00 %
Vitamin B9	54 µg	400 µg	13,50 %
gesamte Folsäure	77 µg		
Vitamin C	2,6 mg	100 mg	2,60 %
Vitamin E	6,04 mg	12 mg	50,33 %
Vitamin K	2 µg	70 µg	2,86 %
Mineralstoffe			
Calcium	87 mg	1 g	
Kalium	544 mg	2 g	
Magnesium	130 mg	300 mg	
Phosphor	410 mg	800 mg	
Schwefel	140 mg		
Spurenelemente			
Eisen	2,50 mg	14 mg	
Kupfer	880 µg	1,5 mg	
Mangan	1,97 mg	3,5 mg	
Zink	2,70 mg	15 mg	
Sonstiges			
mehrfach ungesättigte Fettsäuren	42,66 g		
Essentielle Aminosäuren (Summe)	6,38 g		
Nichtessentielle Aminosäuren (Summe)	7,948 g		
Pflanzliches Eiweiß	14,4 g		

Quelle: http://www.naehrwertrechner.de (Walnuss frisch)

Rezepte

Nussecken

Zutaten
Teigmasse:
60 g gemahlene Walnüsse
200 g Mehl
125 g Butter
70 g Zucker
1 Prise Salz
1 Ei
Belag:
3 Esslöffel Süße Sahne
150 g Butter
175 g Zucker
3 Esslöffel Honig
250 g grob gemahlene bzw. zerstoßene Walnüsse
100 g Kuvertüre

Teig: Mehl mit Salz, gemahlenen Walnüssen und Zucker in einer Schüssel mischen. Das Ei hinein schlagen und die Butter als kleine Flöckchen hinzugeben. Alles zu einem Teig verkneten und danach für eine halbe Stunde kühl stellen. Auf einem ungefetteten Backblech ausrollen.

Belag: Die flüssige Sahne auf dem Teig verstreichen.
Butter, Zucker und Honig unter Rühren erhitzen, bis alles geschmolzen ist. Die grob gehackten Walnüsse un-

Die Nussecken schmecken besonders gut in der Advents- und Weihnachtszeit – aber natürlich auch zu anderen Gelegenheiten ...

terrühren, aufkochen lassen und leicht abgekühlt auf dem Teig verstreichen. Im vorgeheizten Ofen 15 bis 20 Minuten bei 200 °C backen. Gleich danach, noch heiß, in Dreiecke schneiden und auf einem Kuchengitter auskühlen lassen. Die Kuvertüre schmelzen und die Ecken damit bestreichen oder eintauchen.

Walnussspeise

Zutaten
150 g geriebene Walnüsse
200 g Joghurt
200 g Schlagsahne
4 Esslöffel Honig
Geraspelte Schokolade

Den Honig leicht erwärmen, bis er zähflüssig ist und unter den Joghurt mischen. Die Walnüsse hinzugeben und verrühren. Die Sahne steif schlagen und unterheben. Mit geraspelter Schokolade garnieren.

Eine Spezialität für große und kleine Leckermäulchen – die Walnussspeise

Verwendete Literatur und andere Quellen

Wenn Sie sich noch intensiver mit der in diesem Buch behandelten Thematik befassen möchten, können Sie gern auf die hier genannte Literatur zurückgreifen. Diese war auch für uns eine wichtige Grundlage.

Fachbücher/Kataloge

- Anonymus: Heilkräuter und Gartenanlagen im Kloster St. Gallen (Ausstellungskatalog). Verlag am Klosterhof, St. Gallen 2010
- Birkhan, Helmut: Pflanzen im Mittelalter. Böhlau-Verlag, Wien-Köln-Weimar 2012
- Börngen, Siegfried: Pflanzen helfen heilen, VEB Verlag Volk und Gesundheit, Berlin, 11. Auflage 1982
- Erhardt, Walter u. a., Zander: Handwörterbuch der Pflanzennamen. Eugen Ulmer, Stuttgart, 16. Auflage 2000
- Fischer, Manfred (Hrsg.): Farbatlas Obstsorten. Eugen Ulmer Verlag, Stuttgart, 2003
- Friedrich: Der Obstbau. Neumann Verlag, Radebeul, 6. Auflage 1970
- Friedrich, Gerhard; Schuricht, Werner: Seltenes Kern-, Stein- und Beerenobst. Neumann Verlag, Leipzig-Radebeul, 2. Auflage 1989
- Fleischhauer, Steffen Guido u. a.: Essbare Wildpflanzen. AT-Verlag, Baden und München, 15. Auflage 2014
- Genaust, Helmut: Etymologisches Wörterbuch der botanischen Pflanzennamen. Birkhäuser Verlag, Basel, 3. Auflage 1996
- Hauschild, Stephanie: Das Paradies auf Erden – die Gärten der Zisterzienser. Jan Thorbecke Verlag, Ostfildern, 2007
- Heimat- und Kulturverein Lorsch (Hrsg.): Das Lorscher Arzneibuch – Klostermedizin in der Karolingerzeit. 3. Auflage 2002
- Källmann, Stefan: Vilda växter som mat och medicin (schwed.), ICA bokförlag Västerås, 2. Auflage 2006
- Kauko, Miriam; Lechner, Odilo: Orte der Stille – berühmte Klöster und ihre Gärten. Ellert & Richter Verlag, Hamburg 2007
- Körber-Grohne, Udelgard: Nutzpflanzen in Deutschland von der Vorgeschichte bis heute. Theiss-Verlag, Stuttgart 1995
- Koschtschejew, A. K.: Wildwachsende Pflanzen in unserer Ernährung. VEB Fachbuchverlag, Leipzig, 1986
- Krausch, Keinz-Dieter: Kaiserkron und Päonien rot ...! Entdeckung und Einführung unserer Gartenblumen. Dölling und Galitz Verlag GmbH München, Hamburg 2003
- Lukesch, Anette: Pflanzenwelt und Christentum. Klatschmohn Verlag, Bentwisch bei Rostock, 2. Auflage 2011
- Mayer, Johannes Gottfried Goehl, Konrad (Hrsg): Kräuterbuch der Klostermedizin – Der „Macer floridus“ Medizin des Mittelalters. Rm Buch und Medien Vertrieb GmbH Reprint-Verlag-Leipzig, 2003
- Müller, Ekkehard: 100 Gemüsespezialitäten für Garten und Küche. Leopold Stocker Verlag Graz, Stuttgart, 1998
- Needon, Christoph: Obst und Gemüse. Verlag für die Frau, Leipzig, 1980
- Pahlow, Mannfried: Das große Buch der Heilpflanzen. Gesund durch die Heilkräfte der Natur. Gräfe und Unzer GmbH, München, 1979,

Neuausgabe 1985, 3. Auflage 1989
- Pausch, Johannes; Böhm, Gert: Gesundheit aus dem Kloster. Anaconda-Verlag, Köln 2010
- Pavord, Anna: Wie die Pflanzen zu ihren Namen kamen. Berlin Verlag, Berlin 2010
- Rothmaler, Werner: Exkursionsflora für die Gebiete der DDR und BRD Kritischer Band. Volk und Wissen Volkseigener Verlag, Berlin 1976
- Rothmaler, Werner: Exkursionsflora von Deutschland Band 5 – Krautige Zier- und Nutzpflanzen. Spektrum Akademischer Verlag im Springer Verlag Berlin, Heidelberg 2008
- Schedl, Barbara: Der Plan von St. Gallen – Ein Modell europäischer Klosterkultur. Böhlau-Verlag Wien, Köln, Weimar 2014
- Scherf, Gertrud: Alte Nutzpflanzen wieder entdeckt. BLV Buchverlag, München 2008
- Storl, Wolf-Dieter; Pfyl, Paul Silas: Bekannte und vergessene Gemüse. Piper Verlag, München, 4. Auflage 2008
- Stritzke, Siegfried: Seltene Obstarten im Garten. VEB Deutscher Landwirtschaftsverlag, Berlin, 2. Auflage 1977
- Wieloch, Elisabeth: Gesund durch Obst. VEB Fachbuchverlag, Leipzig, 10. Auflage 1980
- Wieloch, Elisabeth: Gesund durch Gemüse. VEB Fachbuchverlag, Leipzig, 16. Auflage 1984
- Ziegler, Harald: Handlexikon der Heilpflanzen. GERMA PRESS, Hamburg 1989
- Zohary, Michael: Pflanzen der Bibel. Calwer-Verlag, Stuttgart, 3. Auflage 1995

Einige Links zu beschriebenen Klosteranlagen:

Kloster Marienstern Panschwitz-Kuckau
www.ekz-marienstern.de/umwelt-und-lehrgarten.html

Kloster Marienthal
www.ibz-marienthal.de/uebernachtung-tourismus/freizeitangebote-im-ibz/garten-der-bibelpflanzen/

Kloster Seligenstadt
www.kuechengarten.net/index.php?content=05gaerten&sub=Seligenstadt
www.basilika.de/kloster.htm

Kloster Neuzelle
www.stift-neuzelle.de/?site=1.3
de.wikipedia.org/wiki/Kloster_Neuzelle

Kloster Altzella
www.kloster-altzella.de/de/klosterpark-altzella/der-kraeutergarten/
de.wikipedia.org/wiki/Kloster_Altzella

Kloster Doberan
de.wikipedia.org/wiki/Kloster_Doberan
www.klosterverein-doberan.de/garten.htm

Kloster Rehna
de.wikipedia.org/wiki/Kloster_Rehna
www.kloster-rehna.com/kloster-rehna/klostergarten/

Klosterstift Heiligengrabe
heiligengrabe.de/kultur-freizeit/kloster-stift

Stift Engelszell (Österreich)
www.klostergeschichten.at/stift-engelszell.php
www.oberoesterreich.at/oesterreich/poi/170977/engelszeller-sinnesgarten.html

Kloster Ter Apel (Niederlande)
www.kloosterterapel.nl/de/

Weitere Kloster- und Heilpflanzengärten im Internet unter:
www.hortipendium.de/Kräuter_Schaugärten

Weitere Links zu wichtigen Informationen:

Ackerbohne
de.wikipedia.org/wiki/Ackerbohne
www.essen-und-trinken.de/dicke-bohnen
www.thueringer-allgemeine.de/web/zgt/leben/detail/-/specific/Die-Herkunft-der-Erfurter-Puffbohne-2115479535

Bärlauch
www.gardnerian.de/pflanzen/baerlauch.htm
www.ausflugsziele-harz.de/ausflugsziele-sehenswertes/garten-park/bruehl-quedlinburg.htm
www.bärlauchfest.de/index.php
de.wikipedia.org/wiki/Kloster_Triefenstein
www.tourismus-triefenstein.de/wp/markt-triefenstein-2/kloster-triefenstein-2/
www.mz-buergerreporter.de/quedlinburg/lokales/quedlinburger-baerlauch-d5911.html

Fenchel
www.kraeuter-und-duftpflanzen.de/Nach-Verwendung/Heilkraeuter/Europaeische-Heilkraeuter-TEM/Gewuerzfenchel-Saatgut
de.wikipedia.org/wiki/Fenchel
www.hildegard-seminare.de/_pdf/info-fenchel.pdf
www.chefsculinarplus.de/gemuesefenchel-1258.htm
www.gemuese-info.de/gemuesefenchel/geschichte.html

Kohlrüben
de.wikipedia.org/wiki/Steckrübe
www.gartenjournal.net/steckrueben-anbau:
www.gemuese-info.de/steckruebe/garten.html:

Mangold
de.wikipedia.org/wiki/Mangold
www.gartenlexikon.de/gartenpraxis/gemuese/mangold.html

Maulbeere
www.deaflora.de/advanced_search_result.php?keywords=Maulbeere
de.wikipedia.org/wiki/Schwarze_Maulbeere
de.wikipedia.org/wiki/Weiße_Maulbeere
de.wikipedia.org/wiki/Maulbeeren
www.deutschlandfunk.de/der-zweig-vom-maulbeerbaum.1242.de.html?dram:article_id=189190l
de.wikipedia.org/wiki/Rote_Maulbeere
de.wikipedia.org/wiki/Maulbeer-Feige

Mispel
heilkraeuter.de/lexikon/mispel.htm
de.wikipedia.org/wiki/Mispel
de.wikipedia.org/wiki/Japanische_Wollmispel
www.vitamine.com/heilpflanzen/mispel/

Pastinaken
www.apotheken-umschau.de/Pastinake
de.wikipedia.org/wiki/Pastinak
www.urgemuese.de/pastinaken.htm
Portulak
www.nutrition-and-you.com/purslane.html
www.researchgate.net/post/Does_purslane_or_pigweed_Portulaca_oleracea_has_any_demand_in_process_industry
en.wikipedia.org/wiki/Portulaca_oleracea
eatsmarter.de/lexikon/warenkunde/portulak

Quitte
www.obstbau-deutenkofen.de/files/Quitten_in_Krze.pdf
de.wikipedia.org/wiki/Quitte
www.heilkraeuter.de/lexikon/quitte.htm
de.wikipedia.org/wiki/Mittelalterliche_Warmzeit

Rote Rübe
www.chemieunterricht.de/dc2/fragen/kf-ka-340.htm

Walnuss
de.wikipedia.org/wiki/Echte_Walnuss
www.walnussbaum.info/sorten.php#7

Fakten zu Klöstern
de.wikipedia.org/wiki/Kloster
de.wikipedia.org/wiki/Eremit
de.wikipedia.org/wiki/Kloster_des_Heiligen_Antonius
4managers.de/management/themen/benediktregel/
www.kinderzeitmaschine.de/antike/kultur/rom/epoche/spaetantike/ereignis/ende-des-roemischen-reiches.html?ut1=8&ut2=53
www.kleio.org/de/geschichte/mittelalter/alltag/kap_xi4/
www.biozac.de/biozac/capvil/karl_f.htm
www.afm-oerlinghausen.de/afm-rundgang/fruehes-mittelalter/kraeuter-gemuese-und-heilpflanzen

Überblicksseiten
www.apotheken-umschau.de/obst-und-gemuese
imperiumromanum.com/kultur/kulinarium/kulinarium_gemuese_01.htm
www.naehrwertrechner.de/

Dank

Wir bedanken uns für die langjährig erprobten Rezepte der Walnussecken bei Frau Gudula Tabken und des Kohlrübengemüses (Wruken zum Überfüllen) bei Frau Edelgard Witt, beide aus Barth.
Die Anregung zum Schreiben dieses Buches verdanken wir Frau Dr. Margot Krempien. Frau Julia Blau vom Demmler-Verlag begleitete kompetent und freundlich die Entstehung des Buches, auch dafür ganz herzlichen Dank.
Und wir danken den Pflanzen in unserem Garten, dass sie während unserer Arbeit an diesem Buch die manchmal mangelnde Pflege toleriert haben.

Zu den Autoren

Anette und Christian Lukesch haben an der Humboldt-Universität Gartenbau studiert und danach lange Zeit als Pflanzenzüchter gearbeitet. Seit 2002 waren sie maßgeblich an der Gestaltung des Bibelgartens am Niederdeutschen Bibelzentrum in Barth beteiligt. Durch die intensive Beschäftigung mit Bibelpflanzen und Klostergärten erwarben die Autoren umfangreiche Kenntnisse über die Klöster, ihre Gärten und ihre Geschichte. Intensives Literaturstudium und die Teilnahme an den Fachtagungen der Bibelgärtner Deutschlands erweiterten dieses Wissen. Währenddessen und auf verschiedenen Reisen, lernten sie Klöster und ihre Gärten, direkt vor Ort, kennen.

In der beliebten Naturpflanzenreihe für Küche und Hausapotheke sind bisher erschienen:
Jeder Band mit zahlreichen Farbfotos zu einem Preis von **8,95 €**

Ursula Schönfeld
Petra Neugebauer
ISBN 978-3-910150-68-3

Evemarie u.Frank Löser
ISBN 978-3-944102-03-0

Krystin Liebert
ISBN 978-3-910150-79-9

Evemarie u.Frank Löser
ISBN 978-3-910150-80-5

Evemarie u.Frank Löser
ISBN 978-3-910150-87-4

Evemarie u.Frank Löser
ISBN 978-3-910150-88-1

Elvira Grudzielski
ISBN 978-3-910150-95-9

Evemarie u.Frank Löser
ISBN 978-3-944102-16-0

Evemarie u.Frank Löser
ISBN 978-3-910150-97-3

Elvira Grudzielski
ISBN 978-3-944102-01-6

Elvira Grudzielski
ISBN 978-3-944102-04-7

Evemarie u.Frank Löser
ISBN 978-3-944102-05-4

Evemarie u.Frank Löser
ISBN 978-3-944102-08-5

Evemarie u.Frank Löser
ISBN 978-3-944102-11-5

Evemarie u.Frank Löser
ISBN 978-3-944102-12-2

Evemarie u.Frank Löser
ISBN 978-3-944102-18-4

Evemarie u.Frank Löser
ISBN 978-3-944102-21-4

Anette u. Christian Lukesch
ISBN 978-3-944102-23-8

Erhältlich in jeder Buchhandlung oder bei
DEMMLER VERLAG GmbH
An der Bäderstraße 7c
18311 Ribnitz-Damgarten
Tel. 03821 / 706397
Fax 03821 / 708876
info@demmlerverlag.de

Bestellannahme
Verlagsauslieferung *grünes herz*®
Tel. 03677 / 46628-10
Fax 03677 / 46628-11
bestellung@gruenes-herz.de